教练式沟通

直达人心的人际沟通技巧

邓 淼◎著

中国纺织出版社有限公司 | 国家一级出版社
全国百佳图书出版单位

内 容 提 要

相对于传统的沟通方式，教练式沟通侧重于换位思考，从同理心的角度出发双向交流，通过激发式提问，提升沟通者自我觉察与对他人的管理效能，进而让沟通双方快速达成共识。本书重点介绍在人际关系对话中，如何运用教练式的聆听、提问与反馈技术，与他人之间建立以信任为基础的沟通，自我成长，进而实现和谐的人际关系。

图书在版编目（CIP）数据

教练式沟通：直达人心的人际沟通技巧 / 邓森著
. -- 北京：中国纺织出版社有限公司，2019.8（2024.7重印）
ISBN 978-7-5180-6436-6

Ⅰ. ①教… Ⅱ. ①邓… Ⅲ. ①人际关系—口才学—通俗读物 Ⅳ. ① C912.13-49

中国版本图书馆 CIP 数据核字（2019）第 153589 号

策划编辑：陈　芳　　责任校对：王蕙莹　　责任印制：储志伟

中国纺织出版社有限公司出版发行
地址：北京市朝阳区百子湾东里A407号楼　邮政编码：100124
销售电话：010—67004422　传真：010—87155801
http：//www.c-textilep.com
E-mail：faxing@c-textilep.com
中国纺织出版社天猫旗舰店
官方微博 http://weibo.com/2119887771
永清县晔盛亚胶印有限公司印刷　各地新华书店经销
2019年9月第1版　2024年7月第3次印刷
开本：710×1000　1/16　印张：12.5
字数：163千字　定价：68.00元

凡购本书，如有缺页、倒页、脱页，由本社图书营销中心调换

前言

沟通是人与人之间最重要，也是最频繁的活动。人类之所以能够进化得比其他物种更快的原因有很多，其中最重要的一个原因是，人类掌握了复杂的语言沟通的技巧。所以说，沟通能力是人类最大的进步。但是，随着社会的飞速发展和人们生活习惯和行为的改变，传统的人际沟通模式已经无法满足人们的需求，这也成了人际沟通中的难题。

而以自我为中心是人际沟通中最大的障碍。在传统的人际沟通中，人们因为各种主观或者客观原因的影响，在沟通过程中，往往会出现以自我为中心的现象。也就是说，他们很少站在对方的角度去考虑问题，不会在乎对方的想法和感受，更不会考虑对方的需求。这种单向传递个人想法和观点的沟通模式，必然会让沟通失败。所以说，传统的人际沟通模式已经不能满足人们对沟通交际的需要。为了提升自己的沟通能力，促进沟通双方之间的关系，达成沟通目的，我们需要学会教练式沟通——直达人心的沟通技巧。

其实，沟通就是心与心的交流。但是传统的人际沟通只是单向表达自己的想法，很难引起双方心灵上的共鸣，促进深入沟通。本书将让读者认识到什么是真正的沟通——教练式沟通，向读者阐述什么是教练式沟通，教练式沟通有哪些技巧以及这些技巧在人际沟通中该如何运用。

本书共分为三个部分。第一部分讲述教练式沟通与传统人际沟通的对比。传统的人际沟通侧重于表达个人的想法，比较自我，缺少同理心，很少会主动去了解对方内心的想法和感受，对对方可以说是处于一种无知的状态。正是因为这样，所以经常会导致沟通中冲突频繁。而且这种沟通模式，因为带有个人主观意见，常常会伴随一些对他人的批判，严重影响了沟通效果，而且对方很难从沟通中得到真实有效的反馈意见来提升自己。而教练式沟通是以对话的形式进行交流，即双方可以自由发表自己的意见，进而进行全面深入的相互了解，并且教练式沟通的双方具备同理心，懂得换位思考。这样双方之间的信任感更强，并且可以从对方的谈话和回应中，得到更好的启发，促进沟通目的的达成。

第二部分阐述教练式沟通的技巧。分别从自我觉察、积极聆听、有力提问、及时回应四个方面，通过具体案例，讲述了具体的沟通技巧。在教练式沟通中，我们首先要学会自我觉察，管理好自己的情绪，营造积极的沟通氛围；其次要认真聆听对方的谈话内容，获取更多的信息，帮助建立对话关系；再次，我们还需要通过提问的方式，引导对方进行深入的思考，促进有效沟通；最后，我们要学会及时回应，让对方能够得到及时的反馈，认识到自己的不足和优势，进而有针对性地提高自己。

第三部分主要讲述在一些实际的环境下教练式沟通技巧的实际运用。首先介绍了在职场沟通中如何处理好职场关系，具体内容包括：员工如何向领导汇报工作、总结工作、请示工作，如何跟同事聊天和团队领导应该如何激发下属的热情、潜能，如何进行高效的跨部门沟通。其次讲述了如何进行社交沟通，处理好人际关系，主要从如何引导对方说话、重视动作语言、闲聊、赞美等几个方面具体说明教练式沟通技巧的运用。最后讲述的是很重要但是也很容易被我们忽视的家庭沟通。这部分利用相关案例讲述了传统家庭沟通的弊端，并具体阐述了如何利用教练式沟通技巧解决这些问题，促进家庭关系更加融洽。

以上三个部分是对本书的概括。如果你还在为如何跟身边的朋友、跟自己的领导和家人沟通而困惑，那你真的有必要读读这本书。这本书不仅能让你认识到传统人际沟通中存在但是被我们忽略的弊端，还能让你充分了解真正意义上的沟通是什么，并教会你使用直达人心的沟通技巧，解决沟通中的问题，成为真正的沟通达人！

作者

2019.2

目录
Contents

第3章 积极聆听，帮助建立对话

第4章 有力提问，促进有效沟通

第5章 及时回应，教练双方关系

第 6 章 职场沟通：如何处理好职场关系

第 7 章 社交沟通：如何处理好人际关系

第8章 家庭沟通：如何处理好家庭关系

第1章 教练式沟通 VS 传统人际沟通

在传统的人际沟通中，人们关注的重点是我，即自己表达的内容。这种不在乎对方想法的单向沟通模式很容易让对方厌倦沟通，进而导致沟通失败。而沟通本身是双向的，是沟通双方的事情。所以，要想顺利达成沟通目的，我们不仅要自我表达，更要懂得聆听对方的观点。这就是教练式沟通与传统人际沟通最本质的差别。本章将从六个方面对比教练式沟通与传统人际沟通，让读者更明确地了解教练式沟通与传统人际沟通的不同之处，并深刻了解教练式沟通的优势所在。

1 对话 VS 表达

在传统的人际交往模式中，人们更倾向于向对方表达自己的观点，而很少会选择认真倾听对方的想法。这种沟通方式，很容易把人与人之间的交际变成一个人的“独白”，并且会将人与人之间的距离拉开，导致人际沟通失败。

而与传统沟通模式强调表达不同，教练式沟通强调的是对话。因此，有人将教练式沟通技术称为教练式对话技术。这种方式是通过双方之间的对话，进行深入沟通，帮助自己实现沟通目标的一个过程。在教练式沟通中，表达的前提是顾及对方的想法和感受并引导对方思考，从而建立有效对话。在这个过程中，教练式沟通重点关注以下几点。

（1）考虑对方感受，倾听对方想法

在传统的人际沟通中，人们最常做的事情是，在说话之前首先要抢占主动权。他们的观点是：谁有话语优先权，谁就在这次沟通中占据主导地位。所以，在沟通过程中，他们很少顾虑对方的感受，甚至很多时候连自己此次沟通的目标都不明确，只会天马行空表达自己的想法。这种单向沟通模式，显然会阻碍双方之间的沟通。但是，真正意义上的沟通是双向沟通，如果其他人都被你“置之事外”，沟通的意义也就荡然无存。

而教练式沟通则强调，在沟通的过程中要考虑到对方的感受，认真倾听别人的观点和想法。对于沟通来说，倾听是最为关键的一部分，是确保有效沟通的前提。因为只有认真倾听对方的观点，你才能确定对方的观点是否和自己一致。如果存在偏差，则需要通过对话进行沟通，引导对方思考，让双方观点达成一致，进而构建情感联系，达成有效对话。

一名刚进公司一个月的员工，接到了领导安排的一项任务。为了顺利完成工作，获得领导的肯定，这名员工每天晚上熬夜加班，甚至不惜牺牲自己周末的休息时间。一段时间后，这名员工感受到无法抗拒的压力。最终，他向领导提出了离职。

为了挽留这名员工，领导说："你有很大的潜力，只要再努力学习相关岗位知识，参加一些培训，很快就能够晋升了。"员工说："我可能不适合这份工作。"领导说："你能力行不行，适不适合这份工作，我比你清楚。别担心，接下来我会给你安排相关的培训。"员工很无奈地说："谢谢领导的肯定，我还是坚持自己的选择。"很显然，此次沟通以失败收场。但是领导并不甘心错过这名潜力很大的员工，于是请人事部经理出面。

人事部的经理见到该名员工后，员工还是坚定自己的想法。于是经理问："你是说这不是你理想的工作，你要离开吗?"员工沉默了一会儿说："不是，我就是觉得压力大，太累了。"然后经理一边认真倾听，一边点点头表示很能理解这名员工的做法。这时候，员工开始敞开心扉跟经理交谈，表明自己并不是真的想离开，而是没有人理解自己，感觉很委屈。就这样，在跟经理经过一番对话后，员工欣然同意继续留在公司。

领导一直在给员工建议，这些建议看上去似乎能帮助员工解决问题，但是始终没有改变员工的行为和想法。究其原因，是领导并没有认真倾听员工的想法，而是只顾着表达自己的意见，并把自己的观点强加给员工。这种做法无疑会让员工心生厌恶，更加坚定自己的选择。而人事部经理之所以能成功挽留这名员工，正是因为运用了教练沟通技术中的倾听技术，懂得倾听员工的心声，进而拉近彼此之间的关系，构建双方之间的信任感，最终达成沟通目的。

(2)有效提问，深入沟通

在传统的沟通模式中，因为人们比较注重表达个人观点，所以沟通一般都停留在表层，很难深入，甚至很多时候还可能出现沟通终止的情况。而教练式沟通却不同，它强调的是通过有效提问，进行深入沟通。因此，提问环节，也是教练式沟通中关注最多的环节。即在沟通过程中，教练者不仅要学会聆听，还需要通过提问被教练者，明确对方的观点和想法，或者通过提问引导对方深入思考，以达到观点一致，促进双方之间的有效沟通。用苏格拉底的名言来表达提问沟通技术就是，“提出一个好问题，胜过一个好答案”。

在教练式沟通过程中，提问技术是通过倾听中收获的信息，对被教练者进行提问，进而引导被教练者进行深入思考。例如，某团队的管理者，因为员工上班经常迟到，便找来员工询问。在倾听员工的过程中他发现，员工是因为住得太远了。那么管理者可以询问员工“你是否考虑过搬到离公司近一点的地方?”或者“你会选择早起十几分钟吗?”

(3)真诚回应，直击人心

传统沟通模式中，因为人们倾向于自我、主观的表达，所以在沟通的过程中，他们更关注的是自己的情绪和想法。这种侧重自我感受的表达方式，很容易因为忽视对方，进而引起对方的不满，最终导致沟通无效。

而良好的沟通本质在于换位思考，即教练者要考虑被教练者的感受，然后通过沟通过程中了解到的具体情况，表达自己的观点。也就是说，我们必须通过聆听、提问深入了解对方内心想法，然后再结合对方的实际情况和对方的情绪状态，选择合适的语言和方式表达自己的观点。例如，面对员工犯错误，管理者不能一开始就直接批评员工，而是应该了解具体情况之后，再表达自己的观点。

沟通是双向的，不是一个人的“独角戏”。所以，在职场中，为了加强团队之间的人际沟通，促进团队之间的友谊，管理者需要采取教练式的沟通，用倾听、提问技术代替单向、自我的表达。这样做不仅可以引导被教练者深入思考，还能够促进双方之间的关系，进而提升沟通效率，达成沟通目的。

2 了解 VS 无知

达成有效沟通必须具备两个条件，一是要认真倾听对方传递出的信息；另一个是要根据对方传递的信息作出相应的回应。所以说，有效的沟通是建立在双方深入了解的前提下，必须深入了解才能具备以上两个条件。但是，在传统的人际沟通模式中，人们因为更侧重自我表达，所以导致整个沟通过程结束后，难以准确、全面获取对方信息，即对沟通的对象处于一种“无知”的状态。这种情况，必然会导致沟通终止。

然而在很多团队中，都存在这样无效的沟通，最终导致管理工作难以顺利进行。不少管理者在跟员工沟通交流的过程中，为了显示自己特殊的身份和地位，会将自己的观点和想法强加给员工。他们认为只有掌握话语权，才能管理好团队。但是实际上，这种沟通模式只会让管理者对员工的所有工作行为表现和心理动态一无所知。而对于团队发展而言，当管理者连自己的员工都不了解时，就意味着他的管理工作即将走到尽头。

而教练式沟通强调要深入沟通，了解对方的想法，并引导对方深入思考。所以说，在人际沟通中，最高境界的沟通就是“读懂人心”，这也是教练式沟通的关键所在。因此，在教练式沟通中，为了更好地读懂人心，会强调以下几点。

（1）了解对方，而不是说服对方

在传统的沟通模式中，因为人们侧重自我表达，所以他们很容易在沟通中出现一个误区，就是不自觉将双向的沟通变成单向的说服。在沟通的过程中，他们首先会表达自己的观点，如果对方反驳自己的观点，他们会找各种理由说服对方认同自己。最后，迫于无奈，对方只好选择认同。而这种迫于压力的认同，显然会导致沟通失败。

而教练式沟通强调，在沟通的过程中，一定要放下我执，学会换位思考，深入了解对方的想法和观点，避免因为无法达成一致意见而产生冲突，导致沟通终止。所以说，在教练式沟通中，强调的不只是通过自己的表达让别人充分了解自己，更强调要通过认真倾听和提问的方式深入了解对方的想法，促使沟通顺利进行。

（2）用对方喜欢的方式进行有效沟通

在传统的人际沟通模式中，人们习惯用自己喜欢的方式表达自己的想法和观点。这种比较自我的沟通方式很容易引起对方的反感。通常情况下，人们在交际沟通中都比较喜欢聊自己感兴趣的话题。如果对方不顾及我们的感受，而是用他喜欢的方式跟我们交谈只有他自己感兴趣的内容，那么这种交谈无疑会让我们觉得对方是在“自吹自擂”，很快我们就会对这种沟通失去兴趣，进而会找各种理由来结束这次沟通。

某团队刚招进了一名新员工，团队领导要求该团队的主管负责安排该名员工的相关工作，并介绍具体要求。工作一个月结束后，主管找来该名员工面谈。主管说：“你这个月的表现总体上来说还可以，但是进度太慢了，你这样会影响团队的工作效率。”员工说：“刚入职一个月，还没有适应。”管理者说：“一个月了，该适应了，我当初跟你一样还是一名普通职员的时候，适应能力比你强多了，我大概一个星期就能熟练掌握工作流程。”员工一时间不知道该如何作答，只是无奈地说了句“我会继续努力的，如果实在不行，有可能我不是很适合这份工作”。

该团队的主管在跟员工沟通的过程中，一直站在身为管理者的角度表达自己的观点，既没有考虑员工是刚入职的，也没有考虑员工个人的感受，所以导致此次沟通惨败。而正确的做法应该是，采取教练式沟通，深入了解员工，并用员工喜欢的方式跟员工进行沟通。通常情况下，员工都比较喜欢平易近人的领导。所以，在沟通的过程中，管理者要表现得更加亲和，说话语气要更加委婉，让员工能够敞开心扉跟你交谈。例如，管理者可以说“我刚入职的时候，跟你情况也差不多。所以，不要担心，只要你肯努力，一定会有很大的进步”。这样一来，员工会放下心中的芥蒂，管理者也能借此机会深入了解员工，以便给员工提供有针对性的建议，进而帮助员工提升绩效。

（3）了解对方的需求并满足需求

其实无论是工作中的沟通，还是私下跟朋友之间的沟通，都有一定的目的。很多人会反驳，认为朋友之间的沟通是单纯的，不存在任何目的。其实不然，例如，我们常在开心或者不开心的时候，跟朋友进行沟通，而这种沟通的目的就是分享自己的快乐或者倾诉自己的悲伤。所以说，要做到有效沟通，就需要了解对方的需求，并满足对方的需求，即达成沟通目的。

但是，在传统的人际沟通模式中，人们因为侧重自我表达，所以，在沟通的过程中，他们只会不断向对方传递自己的需求信息，而无法接受对方的需求信息，最终导致不了解且不能满足对方需求而终止沟通。

例如，对于刚入职的新员工来说，他们更需要的是管理者的鼓励和关爱。如果这时候，管理者没有及时鼓励员工，而是批评员工适应能力不强，显然会让员工感到失落，甚至会一气之下离开公司。因此，管理者需要了解并满足员工的需求，而要做到这一点，就需要进行深入沟通，了解员工现实的和潜在的需求。

沟通是建立在相互了解的基础上，因为只有相互了解，才能构建信任关系，让沟通顺利进行。为此，要想达成有效沟通，就需要改变传统人际沟通中的“无知”模式，以对方喜欢的方式进行沟通，进而了解对方需求，并满足对方需求，成功达成沟通目的。

3 同理VS自我

心理学研究表明，人们无论做什么事情，首先都会考虑到自己的利益。尤其是在交际沟通中，更会以自我为中心，表达自己的想法。所以，在传统的人际沟通中，人们极少关注对方的观点，因此经常导致在沟通的过程中，因为双方观点不一致而产生冲突，最后只能不欢而散。

通常情况下，导致冲突最主要的原因是人们过于自我，没有同理心。因此，为了缓解这种冲突，建立和谐的沟通氛围，教练式管理者强调，在与别人沟通的时候，一定要有同理心。

所谓的同理心，就是要设身处地，站在对方的角度思考问题。通俗来讲，可以理解为“如果我是对方，我会怎么想”。通过这种换位思考，我们就能更深入了解对方的想法，理解对方的情绪变化，进而拉近彼此之间的距离，促进沟通。所以，同理心也是教练式沟通中必须具备的一种沟通能力。通常情况下，要想具备同理心，需要遵守以下几个原则。

（1）我对别人的态度，即别人对我的态度

在传统的人际沟通中，因为人们更关注自己的想法，所以在沟通的过程中，他们很少关注自己的态度是否端正，是否会对对方造成影响。反而常责怪对方对自己的态度不好，不认真倾听自己的表达，或者不认同自己的想法。而出现这种情况正是因为缺乏同理心，没有意识到自己对别人的态度，即别人对自己的态度。

所以教练式管理者强调，要想具备同理心，首先要认识到自己的态度，即要控制自己的个人情绪，端正自己的态度，以免对对方造成不良的影响，阻碍沟通顺利进行。例如，在工作中，管理者因为情绪不高，莫名对团队成员发火。那么团队成员很可能因为被领导无辜责骂，而无法认真完成工作。因此，为了避免这种情况，管理者在做任何一件事之前，都要认识到自己的态度问题。因为很多时候，一个领导成败的关键不是领导的个人知识和技能，而是领导对员工的态度。

（2）将心比心，学会理解他人

具备同理心，最好的方式就是将心比心。也就是说，要想自己被他人理解，首先你要学会理解他人。白居易有诗云：“人生有情感，遇物牵所思。”意思是人的情感变化，都是因为外物而发的，并非心中固有。所以，从这一点来看，人际沟通实际上就是心理层面的沟通。而要进行心理层面的交流，就必须懂得将心比心，学会理解对方。也就是说，在沟

通的过程中，要照顾对方的感受，无论对方表述什么样的观点，我们都不能采取过激的行为，而应该以平和的心态去面对，表示对对方处境的理解。

团队一名员工，最近绩效直线下降。于是领导找到员工询问：“你最近是怎么了，工作这么不上心。”员工说：“最近跟女朋友闹分手，所以有点不在状态。”领导很无奈地说：“现在年轻人分手这种事情不是很正常吗？我希望你不要因为这点小事影响自己和团队的绩效。”面谈结束后的第二天，员工写了一封辞职信放到领导的办公桌上。

员工本身没有离职的念头，反而因为领导跟他沟通之后，让他转变了自己的想法。而导致这种情况发生的原因是，领导在沟通中没有将心比心，理解员工的感受。有效的沟通，是要懂人心，而将心比心是懂人心最好的方式。

当员工出现这样的问题时，领导应该反思：“如果是我失恋，我会怎么样？会比员工做得好吗？还是表现得更差？”经过反思后，领导会知道，失恋其实是一件痛苦的事情，任何人在面对这件事情的时候，都需要一个缓冲期来调整自己的情绪。然后跟员工说：“我之前失恋的时候比你现在痛苦，每天都跟没魂一样，所以我很能理解你现在的感受。但是日子还是要继续，未来会更好，所以希望你能克服当前的困难，好好调整自己，继续努力工作。”当员工得到管理者的理解后，自然会积极调整情绪，努力工作。

（3）坦诚相待，构建信任

我们在与别人沟通的时候，都希望别人能够对我们坦诚相待，一旦发现对方撒谎，对自己不够真诚，我们便会立刻停止跟对方继续沟通。同样，具备同理心的人也会要求自己要坦诚对待对方，构建信任，促进有效沟通。

但是，在传统的人际沟通中，人们比较自我，他们会选择性地将自己认为好的方面表达出来，而极力掩饰自己的一些缺点。然而他们忽略的是，过于完美的人反而是最可怕的。因为“金无足赤，人无完人”，所以无形中，他们在对方眼里塑造的自我形象只会让对方更想远离他，就更谈不上有效沟通了。

而教练式沟通是要直击人心，了解对方的真实感受和想法，进而促成有效沟通。为此，在沟通的过程中，我们一定要真诚相待，无论是自己的优点还是缺点，都需要真诚表达出来。因为只有这样，才能让对方感受到你的诚意，愿意相信你，并与你坦诚相待。例如，管理者在跟业绩不好的员工沟通时，可以说：“我之前跟你一样是个职员的时候，犯过的错误比你还严重。”

构建有效沟通最好的方式就是要懂人心。而懂人心，就必须具备同理心，想他人之所想。所以，无论是工作中还是生活中，为了能更好地达成有效沟通，就需要人们端正自己的态度，将心比心理解对方的感受，做到坦诚相待，构建信任关系，进而确保达成有效沟通。

4 信任VS冲突

在传统的人际沟通中，人们经常因为对方的观点与自己不一致而产生强烈的冲突。这种冲突在沟通心理学中被定义为人际冲突。人际冲突是人们在社交中普遍存在的一种社会现象。人际沟通学家威廉·维尔模特和乔伊斯·霍克对人际冲突给出的定义是：两个或者两个以上相互依

赖的个体之间，感到彼此的目标不匹配、资源不足以及彼此的行为对对方实现目标产生干扰的时候，所表现出来的明确斗争。简单来说，就是双方因为观点和想法分歧而导致的行为对立状态。在这种状态下，显然无法让沟通继续进行下去。

归根结底，导致这种冲突产生的原因是，人们之间缺少相互信任。他们因为无法信任对方，所以会在别人提出不一样的观点时，首先想到的是如何找理由反驳，最终无疑会导致冲突产生。美国著名的管理学大师斯蒂芬·科维曾经说过，缺乏信任就是糟糕的人际关系的最好定义。在所有的人际关系中，信任是一切的基础。因此，教练式沟通强调的是，通过对话的形式，引导对方深入思考，并以同理心深入了解对方，拉近彼此之间的距离，构建信任关系，进而达成有效沟通。在教练式沟通中，要求构建信任关系需要做到以下几点。

（1）敢于承诺，并信守承诺

在传统的人际沟通中，人们沟通的核心始终是“自己”。在他们看来，这样做一方面能充分表达自己的观点和想法，另一方面他们也不需要为别人承诺任何事情，承担任何责任。但是，这种沟通方式，让沟通的双方看上去像毫不相干的两个人在自说自话，无疑会导致沟通失败。

有效的沟通，一定是双方之间就某一问题进行深入交流，并且双方之间会毫无保留相互发表自己的见解，进而构建友好、相互信任的关系，促进沟通目的达成。而构建信任的前提是：敢于向对方作出承诺并信守承诺。而这正是教练式沟通强调的重点，也是构建信任的最为关键的一步。

某员工在工作中表现非常积极，而且因为想法颇具创意，为团队拿下了不少好项目，创造了丰厚的利润。为了鼓励这名员工，管理者说：“以你现在的能力，我决定提拔你。”员工听完之后很高兴，并将这个好消息告诉了自己的亲朋好友，在接下来的工作中表现得更加积极。但是半年时间过去了，员工依然没有得到晋升，员工还因为这件事被身边的人取笑说“老板开玩笑的，你就别当真了”。从那件事之后，员工的表现明显消极了许多。

该团队的管理者在最初的时候，因为敢于承诺，很快就得到了员工的信任，并且也通过这种信任关系提高了员工的工作积极性和热情。但是后来因为管理者没有履行承诺，让员工对管理者构建的信任瞬间瓦解，最终导致员工在工作中出现消极情绪。可见，敢于承诺而不信守承诺的摧毁力是惊人的。同样的道理，也没有比敢于承诺并信守承诺更有利于信任度建立的了。

（2）敢于展示真实的自己，获取对方的信任

在平时的交际中，为了在对方面前树立一个完美的形象，我们会刻意隐藏自己，甚至为了有更完美的表现，会传递一些与自身完全不符的信息。这种不真实的表现，必然难以获取对方的信任。因此，教练式沟通认为，要想在沟通中建立信任关系，就要敢于展示真实的自己。

敢于展示真实的自己，是最容易拉近彼此距离的方式。如何做到真实？即要敢于承认自己的脆弱、坚强、优秀和缺点。例如，在一个企业中，如果管理者一直高高在上，给员工完美无瑕的感觉，那么员工会认为管理者是“神”一般的存在。这时候，这种不真实的感觉，会让员工难以置信，自然会拉开双方之间的距离，导致无法进行有效沟通。而如果管理者跟员工沟通的时候说：“我当时工作的时候，因为压力大经常哭鼻子”，“这件事我其实也把握不准，我想听听你的想法”。这样做，能让管理者放下架子，拉近彼此之间的距离，获取对方的信任，进而促进有效沟通。

（3）懂得关爱对方，用爱构建信任关系

在传统的人际沟通中，人们把最多的“爱”给了自己，因为他们关注的是如何表达自己的想法，如何让对方认同自己。这种方式下，必然会导致对方在沟通过程中因为得不到“爱”而选择放弃继续沟通。

事实表明，爱是构建信任关系最好的方法。所以，教练式沟通强调在沟通的过程中，要关爱对方，即要更加在乎对方的想法，了解对方的处境，即便不认同对方的观点和想法，也要表示理解。例如，在沟通的过程中，当双方观点不一致时，我们不要立即寻找理由反驳对方，而是要换位思考，理解对方，并真诚表示，如果对方有需要帮助的地方，愿意尽力帮助对方。一旦对方感觉到你的诚意和关爱后，便会卸掉心中的防备，更加愿意相信你，进而让沟通顺利进行。

现如今是信用时代，人们无论做什么事情首先要讲信用。在人际沟通中，信任就是双方沟通的砝码，如果你连基本的信任都没有，也就失去了沟通的资格。所以说，要想达成有效的沟通，就必须与对方之间建立信任关系。这样做既能避免不必要的冲突，又能增强双方之间的情感，更快达成沟通目的。

5 启发VS批判

在传统的人际沟通模式中，人们一旦遇到对方与自己观点不一致的时候，便会站在自己的角度，尽力说服对方认同自己的观点。而这种说服的方式，多少会伴随批判性的语言。例如，为了反驳对方的观点，让

对方认同自己，通常情况下，我们采取的方式是，将对方观点的不足之处一一列举出来，进而与自己的观点形成鲜明对比，凸显自己的优势，从而让对方认同自己。但是，批判很容易伤害对方的自尊，打击对方的积极性，形成逆反心理，导致沟通无法顺利进行。

因此，为了杜绝这种情况发生，教练式沟通采取的方式是，通过倾听和提问，引导对方进行深入思考，即启发对方，让双方意见达成一致，而不是强制对方认同自己的观点。一般情况下，人们只有对某个想法或者观点进行深入思考，得到启发之后，才会发自内心认同对方。也只有真正认同对方的观点，沟通才能继续有效进行下去。所以，教练式沟通强调要通过深入沟通启发员工思考，促进沟通目标达成。而在沟通中，启发一个人最好的方式就是提问。

（1）提出开放性问题，让员工畅所欲言

在传统的沟通方式中，人们更多在“说”而非“问”，即便询问，也大都是一些封闭式的问题，如“你是不是认同我的观点？”这种封闭式的问题，答案只有两种，是或者不是，员工根本不需要花费大量的时间思考，就能给出答案，而我们也无法从这种单调的答案中获得更多的消息。

但是开放性问题不同。开放性问题的答案并不是固定的，如“你觉得应该怎么做才更好”。这种问题不是简单的是或不是就能回答的，对方必须经过自己深思熟虑才能给出答案。所以说，开放性的问题，能够激发对方启发性思维，激发对方的意识，让他们能够通过思考问题，主动收集相关信息和资料，进而解决问题。所以，教练式沟通中提倡采取开放式的问题进行提问，让人们能够就该问题畅所欲言，展开全面的、深入的思考。

某团队产品部一名员工需要设计一个产品营销方案，但是营销方案实施后并没有得到很好的市场反响。这让员工十分头疼，于是他请教领导，自己的方案到底存在哪些不足之处。领导看后说："你认为我们产品的优点在哪儿?"员工回答说："性价比高。"领导接着问："我们的消费群体是谁?"员工回答："主要面对的是'90后'的年轻消费群体。"领导笑着说："这就是问题的关键了，你认为'90后'需要的是什么？他们更在乎的是什么?"员工思考了一会儿说："对，他们可能不那么在乎性价比，他们更追求个性化，所以我的营销方案应该侧重宣传我们产品的与众不同之处。"

试想一下，上面的案例中，如果当员工遇到问题向管理者求助的时候，管理者直接说："你觉得自己做得足够好吗?"员工还会愿意跟管理者继续沟通吗？显然不会。首先，管理者的语气带有一定的批判性，会严重伤害员工的自尊。其次，这种封闭式的问题无法引发员工继续思考。在这种情况下，员工只能回答自己做得不够好来终止这次沟通。问题没有得到解决，也就意味着沟通失败。所以说，该管理者之所以能让沟通顺利进行，并成功帮助员工解决问题，就是因为通过提出开放式的问题，启发了员工思考。

（2）循序渐进，让对方保持系统性思考

提问题，并非天马行空想到什么就问什么，这样很容易给对方造成思维上的困扰，阻碍对方深入思考。因此，为了让对方能够清晰思考并回答你的问题，提问的时候就需要逐级深入，循序渐进。这种问题能够确保对方在较长时间内，集中注意力思考。

换句话说，就是既要学会提问，也要懂得追问。例如，上述案例中，管理者在询问员工"产品的优点"后，关注了关键信息，并一直往下追问，以获得更多更有效的信息，直到员工回答“‘90后’并不在乎性价比”。通过这种追问，能让员工集中注意力保持系统性思考，进而挖掘问题本质，顺利解决问题。

（3）避免引导性问题，要让对方独立思考

在沟通中，我们常常为了让对方与自己的观点达成一致，而采取引导式的问题。例如，上述案例中，为了引导员工思考，很多管理者会直接说：“我觉得你这个方案不太适合年轻人，年轻人更活跃，你这个方案显得太老土，你认为呢?”管理者提出的这个问题，一方面因为建议性太强阻碍了员工思考，另一方面也存在一定的评判性，无疑会打击员工的自信心，让员工无法深入思考。

在教练式沟通中，提问主要是为了引导对方独立思考，让他们自我反思问题，并找到解决问题的答案。所以，在提问的时候，要避免提出引导性太强的问题。通常情况下，为了避免这种情况，可以使用疑问句式，如“谁”“基于什么”“多少”。但是这里不建议采用“为什么”“如何”这种疑问词开头。因为这种疑问词本身就包含一定的批判性，很容易让双方之间产生冲突。

沟通的目的不是站在自己的角度批判对方，让对方认同自己的观点，而是站在对方的角度，深入对方内心，提出能够启发对方思考的问题，进而让双方达成一致的观点。在沟通过程中，启发思考，不仅能够让沟通更加深入，从某种程度来看，还能激励对方积极思考，进而激发对方的潜能，让沟通更具效果。

6 反映VS隐藏

沟通是一个双向过程，即在沟通中要求双方要毫无保留表达自己的观点和想法。一旦有一方刻意隐藏自己的观点，就会导致沟通无效。但是，在传统的人际沟通中，因为人们侧重自我表达，只会当自己的观点与对方观点有冲突的时候，才会反驳对方。此外，很少会认真倾听对方的观点，给对方提供启发性的意见。也就是说，在表达的过程中，很多人为了保护自身的利益，会选择性地表达自己，即隐藏部分的自己。

然而，教练式沟通认为，沟通是为了通过双方之间的对话，反映出相关问题，并积极启发对方思考，解决问题，达成沟通目的。所以，在该过程中，沟通的双方不能刻意隐藏自己，而应该将自己的想法完全表达出来，并且要真实表达。只有这样，才能获得对方的信任，让沟通顺利进行。相反，一旦对方认为你在隐藏，对方也会选择性地表达。而这时候，双方获取到的信息都不真实，无疑会导致沟通失败。

所以，在教练式沟通中，除了强调倾听、提问外还强调反映。这是沟通的最后一个环节，也是比较关键的环节，能够直接影响此次沟通的成败。那么，在沟通中如何做到有效反映呢？

（1）倾听过程中积极反应

在传统的人际沟通中，人们很少会倾听别人的观点。即便倾听，也只是为了应付对方的形式主义。通常情况下，在沟通结束后，人们更在乎的是，对方是不是认同自己的观点，自己是不是表述清楚了。很少在乎对方表达的什么，更不会就对方所表达的内容积极反馈。而这种没有反馈的沟通，实际上是没有任何意义的。因为我们无法通过沟通认识到自己的问题，进而无法达成沟通目的。所以，教练式沟通强调，在沟通过程中，为了提升沟通效率，促进沟通顺利进行，一定要认真倾听和反馈。

积极倾听是一种有效的反应方式。例如，我们可以通过点头，或者在对方表达的时候，身体稍微向前倾。通过这些肢体动作，对方就能够感知到我们在认真倾听。这时候，他们自然会更愿意全面表达自己。

（2）在提问结束后积极反应

虽然通过提问获得的答案未必是可行的，但是我们还是应该认真倾听对方的答案，并积极反馈。如果在倾听对方答案的时候没有积极反馈，不仅会让员工倍感失望，不愿继续回答问题，也会让管理者接下来无法就问题进行更深入的追问，启发对方继续思考。所以在一个问题结束后，最好的方式就是认真倾听员工的答案，并保持清醒的头脑，及时向员工反映自己的意见和想法，让员工更有信心继续进行沟通。

在沟通的过程中，遇到对方提出问题，或者对方在征求你的意见时，同样要勇敢、积极面对而不是回避。并且在回答对方问题的时候，我们也要适时要求对方给自己反馈。其实，对于一个懂得沟通技巧的人来说，他们在乎的并不是沟通表面上的效果，而是关心对方想了解什么。所以，一旦对方能够向我们积极反馈，我们就能够更深入了解对方，让沟通更顺利进行。

（3）在沟通过程中积极反应

在传统的人际沟通模式中，人们表达完自己的观点的那一刻就意味着沟通结束。也就是说，整个沟通过程中，他们的焦点全在自己身上。但是，人们忽略了一点，沟通的目的其实就是通过对方的反馈，发现自身的问题。如果我们只是把重心都放在自己身上，我们身上的缺点会被

放大的优点完全隐藏，让我们无法全面认知自己，进而无法实现有效沟通。所以，在教练式沟通强调，在沟通的过程中必须积极地反馈信息。

销售部的一名员工一直以来的业绩都是特别突出的，但是最近突然业绩直线下滑。领导找来员工问："最近是什么情况导致业绩直线下滑呢?"员工说："最近工作状态不是很好。"领导思考了一下说："状态不好也不能影响工作啊。我希望你尽快调整状态，把业绩提上去。"员工听后，没有再继续说话。

该名管理者在跟员工沟通的过程中，一直站在自己的角度思考问题，根本不在乎员工的想法。所以，管理者表达结束后，此次沟通也随之告终，问题依然没有得到解决。因此，为了避免沟通中出现这种情况，教练式沟通强调，必须在沟通结束后，给出对方积极的反应，让对方知道自己存在哪些问题，接下来需要如何做。

例如，上述案例中的管理者可以说："你的实力大家都是有目共睹的，但是自我情绪管理能力有点欠缺。所以，我的建议是，希望你能乐观面对工作和生活，如果工作或生活中遇到难题，要及时跟我反馈，我会尽自己最大的力量给你帮助。"一旦员工得到管理者积极的信息反馈，员工就能明确知道，自己的工作得到了领导的认可，接下来只需管理好自己的情绪，就能提升自己的绩效。

在人际沟通中，刻意隐藏自己只会让自己变得更无知。无论是对于个人还是对于团队来说，要想得到更好的发展，最为关键的就是要认清自己。而认清自己最好的方式，无疑是希望通过对方的反馈，看到自己身上的缺点和不足之处，进而有针对性地改进自己，提升自己。所以说，在沟通中，我们要学会采取教练式沟通技巧，积极给对方反馈，让双方都能通过沟通全面认知自己，改进自己，这才是沟通最大的意义所在!

第2章 自我觉察，提高情绪管理

情绪管理是人际沟通的关键。因为，很多时候，情绪管理决定了沟通的成败。在实际的沟通中，我们常会因为对方的观点不一样，而感到气愤，一旦控制不住这种气愤的情绪，我们就很可能与对方之间产生冲突，进而导致沟通失败。所以说，要想达成沟通目的，我们就必须懂得自我觉察，并提高自己的情绪管理能力。本章主要阐述了如何提高觉察力、认识情绪的影响力、诚实面对自己的负面情绪、发挥积极情绪等，让大家认识情绪，掌握控制情绪的技巧，进而提高觉察力和情绪管理能力。

1 提升觉察能力

在职场和生活中，我们经常会遇见一些不尽如人意的事情，而这些事情很可能会影响我们的情绪。而情绪的好坏，又会直接影响我们的人际沟通。所以人们常说，真正意义上的人际沟通达人，是懂得自我觉察，能做好情绪管理的人。懂得情绪管理的人，在与别人进行沟通的时候，会自我觉察，尽量避免因为个人情绪而影响他人。而没有觉察力，不懂情绪管理的人，则会将不好的情绪带给其他人，最终导致沟通无效。

所以，教练式沟通认为，要想实现有效沟通，必须要提高自我情绪管理能力。而提高自我情绪管理能力，最为关键的就是要具备觉察力，能够觉察自己以及对方情绪的变化，进而做出相应的情绪调整。

何为觉察能力?《韦氏词典》里对这一概念的描述是：觉察力意味着通过观察和诠释一个人看到、听到、感觉到的事物时的警醒而拥有的对某事物的知识等。简单来说，就是要有意识地，而不是无意识地拥有知识。而这种有意识地获取知识，正是沟通过程中迫切需要的一种能力。因为沟通是为了通过对话的形式，有意识地获取对方更多的信息，以作出准确的决策，达成沟通目的。

那么如何提升觉察力？一般情况下，觉察力体现于我们看到的和听到的，但是实际上它包含的内容远不止于此。它是有意识收集相关信息，并通过自己的感知清晰地判断信息的有效性，以确定事物之间的关联度。通常情况下，提升觉察力需要做到以下几点。

（1）自我觉察，知道自己正在做什么

提升觉察力，首先要做的就是自我觉察，特别是要有意识地觉察，自己的情绪或者欲望会扭曲自己认知的时候。因为让对方觉察到你在扭曲事实，很快双方之间的信任就会瓦解，并且会因为表达不真诚而让双方之间产生冲突，最终导致沟通失败。因此，为了避免这种情况，在沟通的过程中，我们要学会自我觉察，明确地知道自己正在做什么。

例如，在我们与对方进行沟通之前，我们因为某件事情极其愤怒，会有强烈的负面情绪。如果我们将这种强烈的负面情绪带到沟通中，必然会给对方造成不良的影响。这时候，我们就必须展现自我觉察能力。我们要明确知道，我们是在开展一项有目的的沟通，如果此刻我们面对的是与自己一样带有愤怒情绪的人，我们还愿意与对方沟通吗？答案显然是否定的。所以，当下要立即察觉自己的情绪问题，并立刻调整，以最好的状态与对方进行沟通。

（2）收集信息，觉察周边发生了什么

在沟通的过程中，我们除了要学会自我觉察，管理自己的情绪外，还需要通过收集相关信息，觉察自己周边发生了什么事情，以此来提高觉察力。一般情况下，在沟通过程中，收集信息，觉察周边发生的事情，需要经过三个环节：

第一，信息输入。在沟通中，所谓的信息输入，即接受对方所表达的内容。而做到这一点，需要我们集中精神倾听。例如，管理者在就绩效成绩与员工沟通时，要认真倾听员工在完成工作中是否遇到了困难，他们是如何解决的。

第二，信息处理。信息处理，即将自己收集到的信息进行整理、分析。很多时候，在谈话中，收集到的信息并非全部都是有用的，因此，

为了确保信息的有效性，我们必须就沟通目的对信息进行处理。例如，管理者找员工只是谈绩效问题，那么沟通过程中与绩效关联度不大的信息我们就要删除，确保能够利用相关性大的信息，觉察出员工行为和情绪的变化。

第三，输出信息。这是最后一个环节，也是最关键的一个环节。在输出信息的过程中，我们主要是将收集、处理的信息反馈给对方。而反馈的过程就像是一个总结过程，会将收集和处理的信息进行再次加工传递给对方。通过该过程，我们就能明确知道整个沟通过程到底发生了什么，最终目的是否达成。

（3）觉察自己与外界之间的联系

沟通是一个双向的沟通过程，双方之间需要通过对话的形式进行沟通，并达成沟通目的。所以说，如果只是单纯地做好自我觉察和觉察外界事物，也有可能无法进行有效沟通。为此，教练式沟通认为，还需要觉察自己跟外界之间的联系。

例如，当我们觉察到自己的情绪比较强烈且会对对方造成负面影响时，我们要思考，如果这样是否会影响对方表达内容的真实性，是否会对自己的这次沟通造成不良的影响。思考的过程，其实就是将自己与外界联系起来的过程。如果确定自己的情绪会影响外界事物，那么我们会立刻管理好自己的情绪，避免过于情绪化影响沟通效果。

觉察力，是情绪管理的核心。无论是自我觉察还是觉察外界，都能让我们明确知道在沟通过程中，我们扮演的是何种角色，对方是谁，我们有何种联系，沟通的目的是什么。一旦这些问题明确，我们的觉察力自然就会提升，并且通过自我觉察，我们会有意识地控制自己的情绪。

踢猫效应：情绪对沟通的影响

情绪是人们日常生活中常见的心理现象，是指对客观事物的态度体验及其相应的行为反应。主要是以主观态度的体验方式，反映客观对象。例如，我们遇到自己喜欢的事情时，会表现得非常开心，遇到自己讨厌的事情时，会表现出愤怒。这些都属于主观态度。这些伴随主观产生的情绪，对沟通会产生很大的影响。尤其是强烈的负面情绪，会形成恶性循环，导致沟通无法进行。

一位父亲因为在公司受到了老板的批评，为此感到十分生气。下班回家的时候，看到在沙发上跳来跳去的小孩，为了发泄自己的情绪，父亲将小孩痛骂一顿。莫名其妙被父亲痛骂一顿后，小孩很窝火，于是就向在身边打滚的猫狠狠踢了一脚。猫被踢以后，生气地跑到马路上，而这时候来了一辆客车，为了躲避猫，把路边的一个孩子撞伤了。

这个故事，表达的就是著名的心理学效应——踢猫效应。当一个人的情绪变坏时，潜意识会想找自己的下属或者无法还击自己的弱者发泄情绪。而受到上司或者比自己强的人坏情绪影响的人，会继续找自己的下属和比自己弱的人发泄。这就形成了一个恶性循环，会将愤怒和不满无限传递下去。最终承受的那个人是最弱小的群体，所有人的愤怒最终都会落到这个人身上。

踢猫效应，让我们见识到的不只是坏情绪的危害力，更让我们看到了情绪对沟通的影响力。如果在沟通的过程中，我们没有自我觉察力，只考虑自己的感受，极容易因为对方观点与自己不一致而产生愤怒的心理，最终必然会不由自主地加入“踢猫”队伍，导致沟通失败。所以说，要想达成有效沟通，就必须提高觉察力，意识到情绪对沟通的影响。

（1）情绪的感染力决定沟通的成败

从某种程度上说，情绪的感染力能够决定沟通的成败。在日常的生活中，我们就有这样的体验。例如，当我们心情不好的时候，别人无论跟自己说什么意见都很难听进去，但是如果我们心情愉快的时候，很容易接纳别人的意见。这就是情绪的影响力。但是如果我们只是通过自己主观情绪表达自己，很容易会因为忽视对方的情绪而让对方反感，进而不愿意继续沟通。

但是在传统的人际沟通中，人们并没有意识到情绪的感染力，并不知道情绪会直接影响沟通的成败。在传统的人际沟通中，人们关注的重点是，如何将自己想表达的东西充分表达出来，并让对方欣然接受。所以他们在沟通前，会收集信息，准备相关资料，做好沟通前的准备。但是，实际的沟通却没有达到自己预期的效果。

究其原因，是因为沟通过程中只是把对方当作一个接收信息和材料的机器，并没有把对方当成有感情的人。其实，人是“知、情、意”的统一体。所谓的“知”，就是你要向对方传递信息；而“情”是指情感、情绪；“意”是指当双方有深入沟通，达成一致意见，确定方向，努力实现目标的决心。但是传统的沟通模式中只做到了“知”，并没有做到“情”和“意”。例如，表达观点的时候，语气很强硬，且声音大。这种情绪很容易感染对方，会让对方觉得你是在强行要求他认同你的观点，而不是真诚的沟通。这种情况下，对方显然不愿意与你继续沟通下去。

所以说，在沟通过程中，沟通的双方之间很容易受到彼此情绪的感染。例如，今天老板非常高兴地走进办公室，那么员工也会特别开心工作一天。但是如果老板一脸愤怒地走进办公室，可想而知，整个办公室都会变得很压抑，这种压抑的情绪会严重影响员工的工作效率。美国夏威夷大学的心理学教授埃莱尼·哈特菲尔德，曾跟她的同事一起做过相关的情绪研究，研究表明，包括喜怒哀乐在内的所有情绪都可以在极短时间从一个人身上感染给另一个人，而且这种情绪传递的速度非常快，比较隐蔽，甚至连当事人都无法觉察这种情绪的蔓延。因此，为了不让坏情绪蔓延，我们需要学会觉察自己的情绪和对方的情绪，深入认识情绪对沟通的影响力，以便对自己的情绪进行管理，遏制“踢猫效应”。

（2）强烈的负面情绪会对沟通造成不良影响

情绪通常分为两大类，一类是积极情绪；另一类是负面情绪。积极情绪会带给人动力，而强烈的负面情绪则会给沟通造成不良影响。在日常生活中，我们也经常会遇到强烈负面情绪沟通的例子，尤其是在工作中。例如，领导心情不好，会责骂员工，而员工会把这种不好的心情带回家，对自己身边的人发脾气，进而无意中形成了“踢猫效应”。

在传统的沟通中，人们将沟通当成一个信息传递的工具，但是，实际上，沟通更重要的不是传递信息，而是加强情感交流。因为人是感情动物，任何决策都会受到情感的影响。所以在沟通中，我们常发现自己的观点和创意都很好，但就是得不到对方的认同。或许这并不是你能力的问题，而是在沟通过程中，你某个动作或者某句话带有强烈的负面情绪，如在给对方提建议时说“你们现在发展不好，就是因为你们不懂思考，太过死板，教条主义”。这种批判式的说话方式很容易激怒对方。一旦让对方产生强烈的负面情绪，也就意味着你们沟通的终结。而导致这种沟通终结的“罪魁祸首”，就是负面情绪。美国著名作家阿黛尔·费伯曾经就成人与儿童的沟通意见中提出，要优先处理儿童的负面情绪，只有儿童的情绪问题得到解决，他们才能理智地解决他们面临的问题。所以说，负面情绪对沟通产生的危害力是极大的。

因此，为了避免情绪对沟通产生负面影响，在实际的人际沟通中，无论是面对上司还是朋友，我们都需要觉察自己的情绪，并通过这些深入的觉察，了解情绪，掌握情绪。这样做，一方面能让沟通在更和谐的氛围中进行，另一方面能够增进双方之间的感情，促进沟通目的达成。

3 觉察自我的情绪状态

情绪具有隐蔽性。在平时的交际沟通中，我们很难及时意识到自己情绪变化。例如，我们特别不开心，我们就会变得沉默，不爱回应对方。在我们看来，这是很正常的一件事情，不会认为这种情绪会对别人造成任何的影响。但是在别人看来，你不回应的冷漠态度，很可能让他认为，你对他表达的内容不感兴趣或者你对他这个人存在偏见。而导致这种想法的最关键原因就是，你的坏情绪影响了对方。于是，对方也会选择以冷漠的态度来面对你，而这时候意味着沟通终止，任何一方都达不成沟通目的。

因此，为了避免自己的情绪给别人造成干扰，导致沟通无法有效进行，教练式沟通强调，在沟通中，首先要学会觉察自己的情绪状态。当自己意识情绪过于强烈，会影响沟通效果的时候，要积极面对这种情绪，而不是抗拒。然后再调整自己的情绪，让沟通顺利进行。一般情况下，可以采取以下几种方式来觉察自我情绪状态。

（1）刻意记录情绪

因为情绪具有隐蔽性，很难被发现。所以，为了能够及时觉察自己的情绪，我们需要刻意记录自己的情绪。一般来说，我们可以根据自己的实际情况，确定观察情绪变化的周期，如一周，或是一个月，对自己的情绪进行有意识的观察并记录。

在记录情绪的时候，应尽可能还原当时的场景。就像写一本关于自己的小说一样，要明确时间、地点、人物、环境、发生的具体事件等，然后要清晰地记录自己当时的情绪是如何变化的，并将最终的事情结果记录下来。

在一次月末的绩效考核中，团队有一名工作一年的老员工，犯了一个特别低级的错误，导致整个团队当月的绩效垫底。为此，团队的管理者十分气愤，于是找来这名员工询问："这件事情我说过多少遍了，新员工都不会犯的错，你犯了。"管理者一边很严厉地说，一边将文件重重地甩在员工面前。员工低着头，不敢说一句话。管理者接着大声说："你这样让我怎么做？"员工一时不知道怎么回答，感觉怎么说领导都会特别生气，最后无奈地说："领导，我辞职。"但是领导知道，该名员工是非常有潜力的，并不想辞退他。于是领导放低声调说："再给你一次机会，下不为例。好好干吧！"

针对以上情绪，管理者可以采取以下形式记录：

情绪记录表

星期一	星期二	星期三	星期四	星期五
事件：员工犯错，进行面谈				
情绪：特别气愤，一直批评员工，最后为了挽留员工，缓和了自己的情绪				
结果：员工提出离职				

（2）通过交谈，觉察情绪

我们不得不承认的是，我们很多时候对自己的认知并不清晰。而且大多时候，出于自我保护意识，即便意识到自己的情绪出现问题，我们也会刻意掩饰、逃避。但是，当局者迷，旁观者清。在平时的沟通中，我们习惯观察别人，并且很容易发现对方情绪的变化。同样，在与他人沟通的过程中，我们自认为能够隐藏好的情绪，很容易被对方觉察出来。所以，觉察自我情绪的另一个方式，就是通过与别人交谈，获得客观的信息，进而觉察自我的情绪状态。

例如，上述案例中，如果管理者并不能十分明确自己的情绪是否存在问题。那么管理者可以将这件事情具体描述给自己的朋友，或者家人听，让旁观者帮助你认清自己的情绪。一般情况下，尽量征询两个以上他人的意见，主要是为了确保准确性，避免出现主观判断。在听取对方意见后，我们需要将这些意见记录下来，并仔细分析情绪变化的原因，深入觉察自己的情绪状态。

（3）自我反思，觉察情绪

孔子曰："吾日三省吾身。"这句话在沟通中同样适用。很多时候，我们之所以不能觉察自己的情绪，是因为在沟通过程中过于关注自己，不在乎对方表达什么样的观点，更不会从对方的话语和态度中进行自我反思。

而教练式沟通强调，做到自我觉察，自我反思也是关键的一步。例如，上述案例中的管理者，在记录一周的情绪后，还需要利用周末时间进行自我反思。如果没有反思环节，无论是采取刻意记录情绪还是交谈觉察情绪，都没有任何意义。管理者可以参考自己记录的情绪和别人的意见，反问自己："为什么我会出现这样的情绪？""这种情绪对对方会造成影响吗？""要如何控制自己的这种情绪？"一旦进入深刻反思，管理者在接下来的沟通中就会刻意避免情绪引起的问题，让沟通有效进行。

（4）采用具体的情绪测试工具

如果通过以上几种方法，都无法觉察自己的情绪，那么就需要借助专业的情绪测试工具或者请教专业人事，获取情绪认知和管理的专业知识。

在沟通中，觉察自我情绪状态，不仅是自我了解的前提，更是促进双方沟通的关键。无论沟通的目的是什么，无论对方是什么样的人，我们首先要做的是审视自己的情绪，把自己从固定的思维模式中抽离出来。只有这样，我们在沟通中，才能更客观、公正地表达自己和评价对方，进而营造良好的沟通气氛，让沟通顺利进行。

诚实面对自己的坏情绪

情绪是由每个人独特的主观体验、外部表现和生理唤醒三个部分组成。所谓的主观体验，是指个体对不同情绪状态的自我感受。因为生活中，人们对事物的主观体验都有所不同，所以会表现出多种多样的情绪状态。通常情况下，可以将这些复杂的情绪划分为两大类，一类是积极情绪；另一类是消极情绪。

消极情绪也就是我们通常所说的坏情绪。很多时候，为了避免这种情绪在交际沟通中，影响自己和他人，大多数人采取的办法就是遏制这种情绪。但是效果往往适得其反。导致这种情况发生的主要原因是，如果我们刻意遏制自己的坏情绪，会导致情绪更加恶化，产生更大的危害。所以，为了避免这种情况发生，我们首先要做的是深刻认识自己的坏情绪。

所谓的坏情绪，是指与回避行为相伴随产生的情绪。简单来说，就是生活中某件事对人的心理所造成的负面影响，如悲伤、恐惧、痛苦、愤怒等。一般来说，适度的坏情绪有时候具有一定的益处，如适度的焦虑情绪能够让人的思考更加活跃，反应速度更快，进而能够提高学习效率。但是，如果坏情绪过于强烈或过于持久的话，则会影响人的生理健康和社会适应能力。例如，过于恐慌，会让人的辨别、理解、判断能力降低，更严重的会让人无法控制自己的行为，严重降低工作和学习的效率。如果长期处于这种情况下，会导致严重的心理疾病。为了不让这些坏情绪长期存在，我们需要诚实面对并解决这一问题。

（1）跟坏情绪“握手言和”

美国知名人生教练玛莎·布鲁尼曾说：“我们不能做坏情绪的奴隶，我们要与他和睦相处，运气好的人一向拥有将坏情绪转化为好情绪的神奇魔力”。但是，平时的交际沟通中，很多人在意识到自己存在坏情绪后，第一反应是要赶紧找到办法将坏情绪消除，让自己时刻保持开心，积极向上的状态。其实，任何事物的发展都存在其特定的规律，例如，生活中我们的情绪会有高有低，会因为某件事情快乐，也会因为某件事悲伤，这些都是自然规律，自然发生的。所以，我们刻意消除所有坏情绪，让自己时刻处在一种开心、积极的情绪状态下，本身就不符合规律的要求，是很难做到的事情。因此，解决情绪问题，并不是对抗，而是要顺势而为，顺应情绪变化的规律。要做到这一点，首先就需要我们学会跟坏情绪“握手言和”。

很多时候，坏情绪能让人反省，进而为自己的生活或者工作提供一些建设性的指示。例如，当我们在工作中感到非常焦虑时，这种情绪就意味着我们对当下的现状存在不满，进而会激发我们努力工作，改变现状。

（2）学会释放坏情绪

无论是在生活中还是工作中，我们常被人教育，表现出自己的负面情绪会对他人造成不好的影响。于是为了避免这种不好的影响产生，我们在意识到自己的情绪变坏时，采取的方式就是压抑自己的情绪。

某公司宣传部招进了一名刚毕业的实习生。实习期间，刚好公司推出了一个新产品。主管想看看这名员工的能力，于是让该员工也参与此次文案设计，并要求在一个星期内设计好。该员工拿到任务安排后愁眉苦脸。在这个星期内，该员工每天都表现得十分焦躁。别人午休的时候，他在设计方案；别人下班的时候，他也在设计方案。一个星期结束后，方案还是没有设计出来，整个人已经处于情绪崩溃状态。领导找到他询问："你这次表现是有点让我失望啊!"该员工低着头回答说："我想离职，快崩溃了。"领导很无奈地说："为什么遇到问题不求助我或者自己的同事呢?"该员工回答说："我想自己一个人解决，不想打扰他们。"

该员工已经意识到自己的情绪变坏，而这时候他选择的不是将这种情绪释放出去，而是一直压抑自己的情绪，最终导致自己的工作任务难以完成。该员工之所以这样做，与我们从小受到的教育相关。无论是上学还是工作，我们常被身边的人教育，遇到事情要冷静，不能冲动，能忍则忍，要学会控制自己的情绪，不能影响他人或者让别人讨厌自己。于是，从这时候开始，我们渐渐学会把自己的情绪隐藏起来，尽量不让它表现出来。

但是实践表明，这种刻意压抑情绪的方法并不科学。例如，上述员工因为害怕影响他人工作，或者害怕别人觉得自己能力不强，所以压抑了自己的情绪。但是，最终并没有因为压抑自己的情绪而顺利完成工作，反而让自己情绪崩溃，选择了离职这种极端的做法。

所以，为了避免这种情况发生，我们在意识到自己的情绪变坏时，首先要做的是找到合适的方法释放坏情绪。例如，上述案例中的员工，完全可以在遇到问题时找领导或者同事沟通。当遇到的问题一个一个得以解决后，员工的焦虑情绪就会逐渐减弱，这时候坏情绪自然就会无形中被消除。当情绪发生转变时，其他同事也更愿意与你沟通，自己的工作效率也会提高。

在实际沟通中，我们要知道，坏情绪并不是怪兽，它是客观存在，自然产生的，我们不能刻意去抗拒它。尤其是爆发力强的，比较恶劣的坏情绪，如怨恨、愤怒，这种情绪很容易在心中长期积累，一旦遇到某个问题导致情绪爆发，将会严重影响沟通，甚至会直接破坏双方之间的关系，导致沟通终结。为此，我们要诚实面对这些坏情绪。

诚实面对坏情绪除了要与坏情绪“握手言和”，学会释放坏情绪外，还需要意识到坏情绪背后隐藏的潜在问题。例如，作为管理者要通过员工的坏情绪探查员工的需求。员工自己也是如此，面对自己的坏情绪，应反思问题所在并找到办法释放情绪，解决自己的问题，进而促进沟通目的达成。

5 给自己和别人应有的情绪空间

觉察和诚实面对自己的情绪，都是为了对自己的情绪做出更好的调节和管理。在实际沟通中，人们往往在意识到自己出现很大变化的时候，会第一时间进行调节，也希望对方能够立刻调整自己的情绪状态。但是，这显然是无法做到的。因为情绪是一种复杂的心理活动，会受到外界种种因素的干扰。所以说，这种复杂的心理活动，要想立刻得到改变是行不通的，它需要一定的缓冲时间和合适的空间。因此，在人际沟通中，当我们自己有情绪或者发现对方有情绪时，我们应该给自己和别人应有的情绪空间，即给自己和对方一定的时间和空间，去调整和管理自己的情绪。

（1）给自己时间和空间，观察并调整自己的情绪

无论做什么事情，我们首先要学会接纳自己，而接纳自己的前提是

接纳自己的情绪。为此，当发现自己的情绪出现变化时，我们要给自己时间和空间去观察并调整。一般情况下，我们需要做到以下几点：

第一，接纳自己的情绪。接纳情绪就是不要批判、压抑、抗拒自己的情绪，而是让情绪自然而然流露出来。当我们能够与自己的情绪共处之后，我们就会发现情绪并不是一件难以控制的事情。此外，接纳自己的情绪，会让自己跳出思维的怪圈，全面认识自己面对的问题。很多时候，当自己换个角度后，问题很快就能得到解决。

第二，给自己时间和空间，思考和反思自己情绪的变化。很多时候，在我们与他人沟通的过程中，我们会因为无法控制自己的情绪，经常与对方发生正面冲突。但是，事后我们回想下，即便对方不认同我们的观点，也不至于采取这么极端的方式来达成沟通目的。而致使我们当时那么冲动的原因，就是我们没有给自己时间和空间，去思考和反思自己的情绪变化。

为了能更深刻地思考和反思自己情绪的变化，进而更好地调整自己的情绪，我们需要给自己设定合适的时间和场所。一般情况下，当意识到自己情绪发生变化时，我们要给自己一个星期或者半个月的时间去释放这些情绪，具体时间根据自己调节情绪的能力和遇到的具体事情而定。这里需要注意，释放情绪并不是让自己一个人找个隐蔽的地方面壁思过，而是要寻找一个自己喜欢的环境，释放情绪并反思情绪变化。

（2）给别人时间和空间，觉察并理解别人的情绪变化

“当局者迷，旁观者清。”在平时的交际沟通中，只要我们认真倾听，并注意观察对方表情的变化，就很容易从对方的语气和神态中识别对方情绪的变化。

某团队年末的时候，为了赶进度，经理提出让员工加班的建议。由

于之前说好的是七天假期，现在忽然要变成五天，团队的员工显然都很不开心，没有一个人积极回应经理的提议。第二天上班的时候，经理发现大家工作状态都不佳，并且大家显然没有前两天得知放假的消息那么开心。经过第二天的观察意识到员工情绪变化很大后，经理决定不占用大家的休息时间，希望大家年后再努力赶进度。结果发现，大家为了能够准时放假回家，反而变得更加积极，工作效率大大提升。

该经理在起初觉察到员工有情绪变化的时候，并没有批评员工或者忽视员工的情绪，而是给了自己也给了员工时间，让双方都能考虑这件事情。最后经理觉察到员工已经有很严重的负面情绪，如果这时候再坚持让员工加班，负面情绪很可能由此爆发。而且年底了，很多员工很可能会作出辞职的极端选择。因此，为了避免这些情况发生，经理还是执行原计划，准时放假。所以，在沟通中，我们不仅要学会觉察别人的情绪，还要给别人应有的情绪空间，让自己能够通过对方情绪的变化，反思别人的需求，进而达成沟通目的。一般情况下，给别人应有的情绪空间要求做到以下几点：

第一，接纳并理解他人的情绪。相对于接纳他人的情绪，接纳自己的情绪更简单。但是，沟通是一个双向的过程，如果我们只接受自己的情绪，也很容易导致在与对方沟通的过程中产生冲突。因此，为了避免冲突，让沟通顺利进行下去，我们要接纳并理解他人的情绪。例如，上述案例中，当员工表现出不开心时，领导要反思，如果是自己的话，也会有不满的情绪，因此这种情绪是可以接纳并理解的。

第二，看清别人情绪变化背后的原因，挖掘对方的需求。每种情绪产生的背后，都伴随一定的原因。比如，我们会因为在生日的时候没有收到礼物而失落；考试的时候，会因为考取优异的成绩而开心。同样，沟通中产生的情绪变化，背后也有一定的原因，而这个原因就

是对方的需求。

为此，在沟通过程中，给别人应有的情绪空间，一方面是为了给自己一定的缓冲时间，避免激烈的正面冲突；另一方面是为了通过一定时间的反思，挖掘对方的需求。一旦满足对方的需求，沟通中的问题自然能够得到解决。

例如上述案例中，经理经过一天的观察，发现员工的情绪不高，没有宣布春节放假之前那么兴奋。从员工的情绪变化中，经理意识到，相比于加班给高工资，员工更希望回家陪陪家人。于是，经理改变了之前的想法，按原计划放假，从而让沟通更顺利地进行。

综上，在沟通中，为了更好地解决沟通中存在的问题，避免双方之间产生冲突，我们不仅要学会识别和觉察自己情绪的变化，还需要觉察他人情绪的变化。此外，还要根据当时的情绪变化，给自己和对方足够的时间和空间，找到合适的方法调节和管理自己的情绪，让沟通顺利进行。

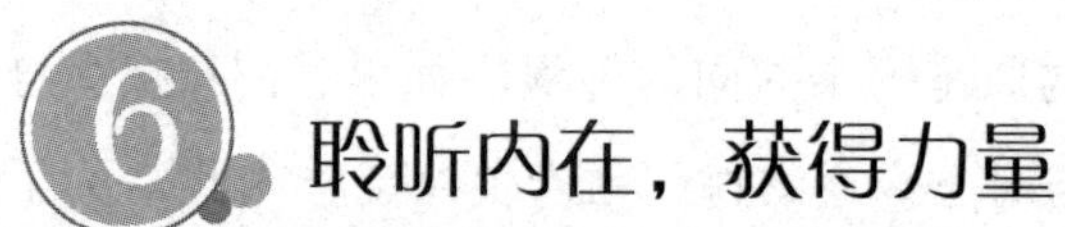

6 聆听内在，获得力量

在平时的交际沟通中，我们的情绪之所以变化大，就是因为受到外界事物的影响。例如，我们换了一个新的发色，如果别人说不好看，我们很可能回家会对着镜子看半天，然后开始纠结是不是要换回之前的。原本换个发色是为了换个心情，结果因为别人不高的评价让我们变得纠结，不开心。导致这种现象产生的原因，就是我们总是过于在意别人的看法，容易忽略自己内心的真实感受。所以，为了在沟通中让自己获得更多的力量，我们需要采纳别人的意见，更需要聆听自己的内在。

虽然说在传统的沟通模式中，人们的表达比较主观，但是主观的表达并不代表人们能够聆听并忠诚自己的内心。例如，管理者为了让员工努力工作，会跟员工说“表现得好给你加工资”。但是一段时间后，管理者并没有履行自己的承诺。所以，后来管理者再承诺，员工便不会再相信。这不仅是不守信用，更是管理者不懂得聆听自己的内在。如果管理者懂得聆听自己的内在，管理者会在内心反问自己：“我是不是真的会给员工加工资?”“会加多少工资?”“什么时候加?”当这些问题得到明确的答案后，管理者的承诺会变得更有力量，并不需要管理者立下白纸黑字为据，员工都会相信。因此，为了增强自己的力量，让对方信服自己，我们要懂得聆听自己的内在。这一点也是管理情绪的关键，因为情绪本身就是一个心理活动过程。

（1）了解你自己

人只有充分了解自己，明确知道自己在做什么事情，并且能够感受生活的时候，才能够听到自己内心的声音。大多数情况下，我们与别人的沟通之所以不能顺利进行，就是因为我们没有全面认识自己，只能看到别人的缺点，并且沟通结束后，满脑子都是对别人的意见和想法，无法触动自己发自内心地思考。

因此，为了让自己听到自己的声音，我们要明确认知自己的角色和定位。例如，管理者在与员工沟通的时候，要明确知道自己是为了帮助员工提升绩效，达成目标，而不是为了批评员工。

（2）信任自己内在声音

人们常说有两个自己，一个内在，一个外在。所谓外在的自己，就是我们呈现在别人面前的状态，而内在的自己就是内心存在的自己。外在的自己，因为受到外在种种因素的影响，会表现得不真实，而内在的自己，对外界事物的看法更纯粹，更真实。所以，很多时候，我们在作决策的时候，会要求聆听自己内在的声音，那才是最好的答案。

但是，很多人并不相信自己内在的声音，甚至会觉得这是一种干扰。但是事实表明，我们的内心确实会对自己作出更好的决策。因此，聆听内在的关键是要相信自己内心的声音。

（3）了解自己情绪的变化

通常情况下，在与人的交际沟通中，我们首先是通过对方表情、神态、语速、肢体动作等来觉察对方情绪的变化。但是因为很多人会因为不想暴露自己的情绪而刻意掩饰。但是别人看不出来的情绪变化，我们内心都会产生真实的感受。也就是说，在你表现出情绪变化之前，你的内心已经“波涛汹涌”了。所以说，控制并调整自己情绪最好的方式，就是聆听内在。

某团队工作了一年的老员工，在一次工作中犯了“大忌”。原本按照公司规定的话，只要触犯这条准则，就必须离职。但是鉴于该员工能力还行，管理者希望他知错就改，继续努力为公司创造更多的利益。在跟经理交谈的时候，该员工情绪很低落地说：“是我自己犯错了，但是我并没有想这样。”员工说着说着，悲伤的情绪变得有些激动。领导说：“但是事实就是你犯了这个错误。”该员工感觉委屈，准备反驳领导的观点。但是此刻内心冒出一个声音：你的确犯错了，而且你并不想离开公司。如果你为此愤怒反驳，不仅显得你在推卸责任，更让人觉得你是一个暴躁狂。聆听内心的声音后，员工的情绪平静了很多，跟领导说：“是我的责任，我愿意承担。希望领导再给我一次机会，我确定不会再犯这种错误，并保证会努力为公司效力。”

试想一下，如果员工直接跟领导大吵一顿，那么即便员工有再强的工作能力，领导也会狠下心辞退他。但是，该员工相信并认真聆听了内心的声音，他不仅给了自己一次“重生”的机会，也让管理者看到了他身上真正的力量。

所以说，在实际沟通中，倾听别人固然重要，但是也千万不要忽略自己内心的声音，那才是真正控制你情绪的“阀门”。

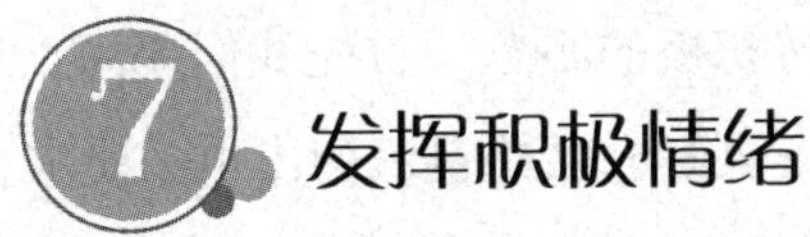

7 发挥积极情绪

积极情绪是相对于消极情绪而言的，是指与接近行为相伴随产生的行为。有人认为积极情绪是因为获得意外的奖赏或者达成目标时的感受，有人认为是顺利完成某件事情的感受，有人认为是得到别人关爱的感受。归纳来说，积极情绪包括快乐、兴趣、满足和关爱，而这四种正是激励人们不断前进的动力。

被誉为天才级的研究积极情绪的美国心理学家芭芭拉·弗雷德里克森认为，积极情绪能够拓展注意范围，提高行动效能，有助于机体获得身体、智力和社会资源。积极情绪还能够让人的思维变得更加活跃，有助于提高思考和解决问题的能力。除此之外，积极情绪还能对人的社交起到积极的作用，例如在沟通的过程中，积极情绪会让沟通氛围更和谐，让彼此之间的交流更顺畅，进而改善人际关系，促进沟通目的的达成。因此，在人际沟通过程中，我们要学会发挥积极情绪的力量。

（1）培养自己的积极情绪

在平时的交际沟通中，我们不难发现，当我们带着情绪与别人沟通时，别人的情绪也会受到我们的影响，尤其是强烈的坏情绪。例如，我们愤怒的时候，说话语气会加重，这时候对方也可能被你的情绪带动，进而提高自己说话的音量。但是，如果我们很开心愉快地与别人交流，对方也会受到我们的感染，原本压抑的心情也会变得豁然开朗。因此，为了给人带去正面的影响力，我们首先需要培养和提升自己的积极情绪。一般情况下，可以参考以下几点：

第一，停止自我消极。要想保持积极的心态，首先我们要停止自我消极。在日常生活中，我们为了做得更好，会给自己列出很多要求，如“我一定要得到公司每个人的赞美和认同”“我必须要在这次绩效考核中争取第一名的成绩”。这些要求看似没有什么不对，但是仔细想想，这种僵化、刻板的要求其实隐藏着很多负能量。也就是说，我们定下的这种要求，很多时候对我们不是激励，反而会影响我们的工作效率。

第二，转变“非黑即白”的思维。很多人在思考问题的时候，喜欢采取“非黑即白”的思维模式。但是实际上，很多问题是存在灰色地带的。例如，某位员工在工作中犯了大错，给团队造成了负面影响。事情发生后，他对自己说：我已经把自己毁掉了。这样一想后，这名员工就开始陷入悲伤、焦虑的情绪中。但是这名员工忽略的是，他自身的能力很强，只是像别人一样，也会犯错误。最后导致他情绪波动大的原因并不是他能力有问题，而是他只看到了极端的情况，导致自己十分痛苦。

第三，找出有益的说法。很多人在看待问题的时候比较刻板、教条，这样无疑会给自己造成一定的压力，进而影响自己的情绪。而培养积极情绪关键的一点就是要找到有益于自己的说法。一般可以采取苏格拉底式发问。例如，“我为什么一定要得到别人的赞美和认同”“为什么必须获得绩效第一的成绩”。当经过这些发问后，我们会聆听到自己内心的声音，进而会给出利于自己的答案。而这一过程，就是将消极情绪转变成积极情绪。

（2）用积极情绪引导他人

在沟通的过程中，情绪能够造成很大的影响。而为了让这种影响能够促进沟通顺利进行，我们需要做的就是，要学会用积极的情绪去引导他人。通常情况下，可以采取以下几点：

第一，利用积极的语言回应对方。在平时的沟通中，我们不难发现，如果对方对我们谈话的内容很感兴趣，我们表达的欲望就会更加强烈。因此，为了让对方乐于表达自己的想法，我们需要采取积极的语言来回应对方。

第二，采取积极的行动引导对方。除了采取积极语言回应对方，我们还需要做到“知行合一”，采取的行为引导对方。例如，在沟通过程中承诺对方的事情，我们要及时完成。对难以完成的事情，也要及时告知对方原因，并想办法弥补。

（3）构建积极、和谐的沟通氛围

要想发挥积极情绪，最有效的方法是构建积极、和谐的沟通氛围。从某种程度上来说，沟通氛围决定了沟通的成败。

某销售团队一名员工，因为连续三个月都没有达成业绩，整天表现得郁郁寡欢，没有精神。经过一段时间的思想斗争后，他最终还是决定辞职。领导找来员工面谈：“为什么离职?”员工说：“压力太大，太压抑了，受不了。”管理者思考了一下说：“你已经做得很好了，最近大家都很努力，我很满意，至于绩效成绩，这不是判定一个人能力的唯一标准。我正在考虑组织一次团队活动，让你们放松放松。”

该领导并没有在员工辞职的时候严厉质问员工，而是采取积极的语言和行动，去营造一个和谐的沟通氛围。在这种氛围下，员工的消极情绪会慢慢消退，最终会受到积极环境的影响，投入到工作中。所以说，构建积极、和谐的沟通氛围，是发挥积极情绪最好的方式。

在交际沟通中，无论是个人还是组织，我们都要认识并重视积极情绪的力量。在工作和生活中，我们要尽可能让自己保持积极的心态，并尽可能发现对方的优点，不要以“非黑即白”的思维去判断一件事或一个人。只有保持忠诚的态度，积极情绪才会发挥出最大的能量，促进有效沟通。

第3章 积极聆听，帮助建立对话

在传统的沟通模式中，人们关注的重点是表达，这种单向的沟通模式很难建立对话。所以，教练式沟通强调，在沟通中，我们不仅要会表达，更要学会积极聆听，帮助建立对话。在沟通过程中，通过积极聆听，能够帮助我们有意识地去理解对方表达的想法和观点，让对方更有节奏地表达自己的观点，并且可以防止破坏性的对话出现。可以说，积极聆听，能够促进谈话深入，让双方之间建立有效对话，进而促进沟通目的的达成。本章通过乔哈里之窗原理、积极聆听的原则和技术，让读者掌握这些技巧，懂得如何利用积极聆听与对方建立对话，促进沟通目的的达成。

1 乔哈里之窗原理

所谓的“乔哈里之窗”原理，最开始的时候是由乔瑟夫和哈里在20世纪50年代提出的，是一种关于沟通的技巧和理论，也被称为“自我意识的发现——反馈模型”。乔哈里之窗理论将人际沟通传递出来的信息比喻成一个窗子，并将这个窗子分为4个区域，分别是开放区、隐蔽区、盲目区和未知区，简单来说，就是“自己知道的”“自己不知道的”“他人知道的”“他人不知道的”这四个维度。而人与人之间的交际沟通，正是这四个维度的融合。这四个区域的具体内容如下：

开放区。开放区是指自己知道，别人也知道的信息。例如，你的姓名、身高、体重、职业、兴趣爱好等。但是开放区域也是相对而言的，例如跟你关系很亲密的人，才会知道你的相关信息，而陌生人就不会知道这些信息。在实际的人际沟通中，共同的开放区越多，产生的冲突会更少，沟通起来就会更顺利。

盲目区。这个区域的信息是自己不知道，而别人有可能知道的。例如，自己的性格上的一些弱点，工作或生活中的一些坏习惯等。在传统的沟通过程中，我们很容易放大这部分区域。例如，当我们看到领导有某种不好的习惯时，我们不会选择将这种信息告诉领导，反而会选择阿谀奉承。这种闭塞的单向沟通方式会将盲目区逐渐扩大，最后会导致沟通无法进行。也就是说，要想顺利沟通，就需要不断缩小自己的盲区，扩大开放区。

隐藏区。隐藏区是自己知道，但是对方可能不知道的秘密。例如，你的心事，你的烦恼或者你的梦想等。在实际沟通中，即便再真诚的人，也会有自己的隐藏区，完全没有隐藏区的人，反而会给人口无遮拦，不够成熟的感觉。但是，在沟通中，要适当地打开隐藏区，让对方感受到你的真诚，这也是确保有效沟通的一种途径。

未知区。这一区域的信息是自己不知道，别人也不知道的信息，如自己身上隐藏的疾病。这个区域的信息是一个尚待挖掘的黑洞。如果能通过某个机会让他人深入了解自己，并让自己深入了解自己，那么个人这方面的潜力将得到有效的发挥。

乔哈里之窗原理认为，人际沟通最有效的方式就是在公开区域内展开，但是在传统的沟通中，人们因为更关注自我表达，很少会注意到这一点。因此，为了能够达成有效沟通，我们需要注意以下四个区域的信息，并掌握乔哈里之窗原理。

（1）公开区域的运用技巧

当自己知道的信息，对方也知道的时候，我们就更容易与对方之间建立信任关系，然后再继续与对方展开深入的沟通。也就是说，公开区域越大，越利于沟通。而要做到这一点，就需要在沟通过程中充分表达自己，仔细聆听对方表达的内容，并询问别人对你的意见。

这一过程其实就是为了拉近彼此之间的关系，为了获取对方的信任。所以说，公开区域的信息，是沟通过程中所有信息的基础。要确保沟通能够有效进行下去，我们就需要通过提问和聆听的方式，表达、传递更多的信息，扩大公开区域的面积。例如，在团队沟通中，为了扩大公开区域，促进有效沟通，管理者可以组织团建活动，让团队成员就工作之外的兴趣爱好、性格等相互了解。

（2）盲目区域的运用技巧

如果一个人盲目区域过大的话，给人的感觉就是自大，夸夸其谈。而导致盲目区域过大的原因就是，他只关注自己的表达，很少听取别人的意见。所以，为了改变这种情况，你不仅要学会表达，更要学会询问别人的意见，并认真聆听别人的意见。

例如，在工作中，管理者需要培养几个敢于直言不讳的下属，并鼓励自己的下属向自己提出意见。当管理者的行为和态度出现问题时，下属应该及时向管理者提出。只有这样做，才能缩短管理者沟通中的盲目，让他看清自己，纠正自己的态度和行为，让员工愿意与自己沟通。

（3）隐藏区的运用技巧

如果一个人的隐藏区过大，会导致别人对他的信息一无所知。而当我们对对方完全不了解的时候，我们很难信任对方，与对方继续沟通。为此，要想改变这种情况，建立信任关系，我们需要适当开放自己的隐藏区。

导致隐藏区过大的原因是说得太少。因此，要想适当放开隐藏区，我们就要多表达自己的想法和观点。但是，这里并不是说要将自己所有的信息都表达出来。我们要知道，每次沟通都是有目的的，而适当开放隐藏区，就是要明确沟通目的，开放与沟通目的相关的区域。只有这样信息才是有效的，才能促使有效沟通达成。

（4）未知区域的运用技巧

在该区域下，信息是闭塞的，我们不知道自己的信息，别人也不知道。而要挖掘这个黑洞，我们首先需要通过一定的方法发现自己的潜能。例如，参加一些测试或培训，让自己更了解自己。或者当别人发现自己的潜能时，通过别人主动了解自己。

综上，乔哈里之窗原理的四个区域几乎涵盖了我们沟通中的主要信息。所以，为了建立有效对话，让沟通顺利进行，我们可以利用乔哈里之窗原理作为人际沟通的指导。借助乔哈里之窗原理进行深刻思考：我们需要开放哪些信息，隐藏哪些信息，挖掘哪些信息，才能促进此次沟通目的达成。当这些问题得到解决后，沟通自然就畅通无阻了。

2 沟通中听什么

从心理学的角度看，在与他人沟通的过程中，人们都会有意识选取自己喜欢的内容聆听，或者会按照自己喜欢的方式去理解自己聆听的内容。但是这种聆听到的内容，并不能客观反映对方的真实想法。根据人们聆听的方式，管理学上将聆听分为5个境界：

第一个境界：忽视地听。这个意识就是根本不在乎对方讲什么。

第二个境界：假装地听。为了避免尴尬，我们很多时候会在沟通过程中，假装很认真在听对方表达，但是沟通结束后，我们并知道对方说了什么。

第三个境界：选择性地听。这就是我们上面提到的。通常在沟通中，我们会选择自己感兴趣或自己喜欢的内容聆听，对自己毫不感兴趣的就会忽视地听。

第四个境界：留意地听。相对来说，这种聆听是比较高级的，聆听的人不仅能听进对方表达的内容，还能理解背后深层的含义。

第五个境界：积极地听。这是教练式沟通中提倡的法则，是最高境

界的聆听方式，即聆听者全身心投入聆听中，并理解对方内心的真正想法和需求。

日本“销售之神”原一平曾经说过：善于聆听比善于驳辩更加重要。此外，他还说，我们要用80%的时间去聆听别人所讲的东西，只用20%的时间去讲话就可以。而在这20%的时间里，我们又要花去80%的时间去提问，然后还要利用剩下的时间去表达自己的观点。所以说，在教练式沟通中不仅要学会聆听，更要达到聆听的第五个境界——积极聆听。

那么要聆听什么呢？是要全部记住对方所表达的内容吗？显然不是。如果我们只是简单聆听别人说话的内容，我们将很难知道对方真正的想法和需求。因此，聆听并不是随意地听，而是要仔细觉察对方的情绪和行为变化，并分析对方内心真实的想法、需求和期待。所以，一般情况下，积极聆听需要听出以下几点：

（1）听出对方的情绪变化

在聆听的过程中，我们要集中精神，不仅要注意对方说话的内容，更要关注对方的表情和肢体动作。例如，在与对方沟通的时候，发现对方眉头紧锁，这说明对方对这个问题持有怀疑的态度。那么这时候，我们就需要进一步对该问题展开沟通，或者通过提问的方式，征求对方的意见。

（2）听出事情的真相

聆听是为了了解事实。所以，在聆听的过程中，作为聆听者要学会从对方表达的内容中，获取关键信息，进而对信息进行分析，了解事情的真相。

某团队一名员工，在工作中一直表现很优秀，经常得到领导的赞赏。但是，上个星期领导给他安排了很紧急的任务，他并没有按时完成。为此，领导感到很失望，并问他："以你的能力，完全可以完成任务的。"该员工说："我是按时完成任务了，由于我对之前设计的方案并不是很满意，所以我又重新做了，结果发现时间已经来不及了。"听完员工的话之后，领导不但没有责备他，反而鼓励他说："这种精益求精的精神值得赞赏，希望你一直保持。但是也要注意效率问题。"

案例中的管理者之所以没有继续责骂员工，是因为通过聆听他知道员工为什么没有完成任务。试想一下，如果管理者上来就一顿痛骂或者没有认真聆听员工，那么该员工的自尊心必定会受到打击，并且很可能在之后的工作中不再表现得十分积极。所以，从这一点我们可以看出，沟通中聆听真相对沟通的重要性。

（3）听出对方的需求

任何沟通都是有目的的，而目的背后潜藏的就是需求。例如，管理者为了提高团队绩效找来员工沟通，那么此次沟通中，管理者的目的就是要激励员工，提升员工的工作能力。而对于员工来说，他们之所以不能创造高绩效是因为工资低，管理者的管理不够人性化。也就是说，如果管理者想有效达成沟通目的，首先需要听出员工的需求。

听出需求并不是一件很容易的事情。例如，我们觉得工资低，但是我们很少直接跟领导表达这一需求。但是，要想挖掘出员工内心真正的需求也不是一件难事。这就需要管理者在聆听的过程中，仔细揣摩员工的每一句话。例如，在沟通中，员工说自己上有老下有小，经济压力大，那么这种信息自然是在向领导传递希望能够提升薪酬待遇。

（4）听出矛盾与偏差

在沟通的过程中，我们不仅要听出对方的情绪变化、真相和需求，还要听出双方之间的矛盾与偏差。因为在沟通过程中，导致双方冲突的原因就是认识的差异。例如，在工作中新生代员工思维比较活跃，想法多，但是在很多管理者看来这是不稳重的表现，这样就可能会出现矛盾或偏差，导致双方无法顺利沟通。而要消除这种偏差，就需要在沟通中听出对方与自己不同的观点。例如，在员工提出很多创意的想法时，管理者应该理解这种偏差，并就这种偏差与员工深入沟通。

很多时候，虽然表面上双方观点存在明显的偏差，但是当我们真正深入了解对方的想法时，我们会因为对方的想法有创意，能够解决当下的问题，而纠正自己的偏差。当然，有时候对方的观点也并非正确，但是我们要做的是听出其中的矛盾，深入了解对方的想法，然后通过引导的方式纠正对方的行为。

无论是在工作中还是在平时的人际交往中，聆听都是一个非常重要的沟通技能。每一次认真的聆听，都是获取信息的方式，而获取的信息决定了我们是否能够达成有效沟通。因此，在沟通中，我们要明确地知道自己应该听什么。

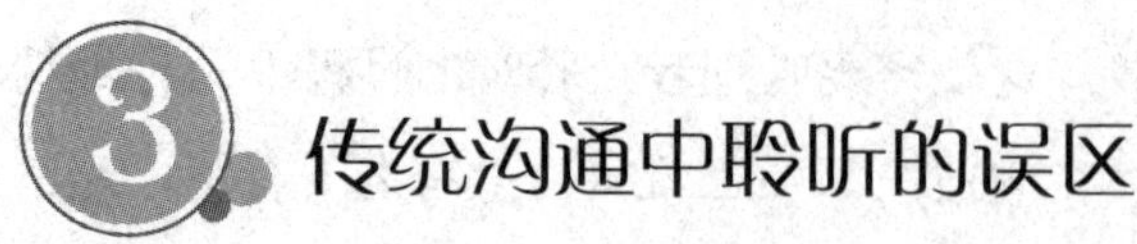

3 传统沟通中聆听的误区

在传统的沟通模式中，我们侧重的是如何表达自己的想法，并引导对方认同自己的想法。在这种单向的沟通模式中，我们很少在意对方的观点和想法，因此更不懂得如何去聆听以及听什么。这是因为，在传统的沟通模式中，人们并没有意识到聆听的重要性，也因此在聆听的过程中，存在很多误区。而教练式沟通认为，要想达成有效的沟通，聆听是必不可少的环节。

很多人认为，聆听是没有对错之分的。在他们看来，只要能够听着对方说话就行，至于对方到底想表达什么，其目的为何，这些都不是我们关心的事情。但是，教练式沟通认为，聆听是沟通过程中最为关键的环节。通过积极聆听我们才能获取想要听到的信息，并根据获取的有效信息，听出对方的需求，进而更好地达成沟通目的。而要做到这一点，就要求我们懂得如何聆听，即要懂得避开传统沟通中聆听的误区：

（1）关系不平等，导致“单向式”的聆听

所谓的“关系不平等”，是指在沟通过程中，有一方因为特殊的身份或职位，把自己摆在高高在上的位置。而当双方之间的关系不平等时，他们之间的沟通模式就是命令式的单向沟通。

这种聆听误区常见的是领导与员工之间的沟通。领导会认为自己是员工的上级，无论是资历还是能力都比员工强，员工自然需要听自己的。所以，在沟通中，基本上是领导说，员工听。这种单向的沟通模式，显然无法让管理者深入了解员工，为员工提供针对性的帮助。

所以说，聆听的前提是双方关系平等，双方之间都有言论自由，而不是命令与服从的关系。因此，教练式沟通强调，无论你是领导还是更厉害的角色，为了能够达成有效沟通，在沟通的过程中，都需要放下自己的身份，让自己与对方构建友好的关系，营造和谐的沟通氛围。

（2）敷衍应付，导致“假装式”聆听

在传统的沟通模式中，很多人为了达成自己的沟通目的，也会聆听

并给对方回应。但是事实上，他们听到了什么，回应了什么，他们甚至都记不住。

某员工在上班的时候，发现电脑有故障，于是找到主管说："领导，这个电脑有问题，经常会自动关闭我的文档。好几次写好的文案，直接关闭了，而且自动保存也没有。"主管听了之后说："好的，我知道了。"但是，一个月过去了，电脑既没修也没换。一次，主管让该员工交一个设计文案，大概需要6000字。但是当天员工并没有完成任务，因为任务比较紧急，所以主管很气愤地质问员工："这个对你来说并不是很难啊，但是你现在这个效率明显不行啊。"员工无奈地说："文案我早就写好了，但是到下午四点左右，我准备检查完发给你的时候，电脑就自动关闭了我的文档，而且我吸取了上次的教训后，设定了每分钟一次的自动保存，可还是找不回来了。"

之所以会导致上述问题发生，就是因为管理者在聆听的过程中，只是为了敷衍应付员工，假装聆听，根本没有理解这其中要传递的信息。而聆听的本质就是要了解对方的真正目的，并满足对方的需求。因此，要想实现有效沟通，就要避免走入"假装式"聆听的误区。

（3）有选择地听，导致"求索式"聆听

在传统的交际沟通中，为了能够让对方认同自己的观点，我们会选择性去听对我们有帮助的信息。而这种聆听，其实就是"求索式"聆听，是传统沟通模式中常见的误区。

某团队的管理者与员工之间就绩效成绩沟通。管理者认为绩效不高的原因是员工不够努力，而员工认为这点薪酬根本不值得自己为之努

力。在沟通过程中，管理者为了引导员工认同自己的想法，问员工：“你觉得绩效不高的原因是什么？”员工说：“没有动力，感觉工作没劲。”管理者接着说：“工作没劲，是因为你们的能力还有待提升，你们自己的努力程度还不够。”

为了得到自己想要的答案，管理者并没有深思员工没有动力，工作没劲背后的真正原因是什么，而是选择性地听自己想听的信息。例如，管理者说，没有动力的原因是能力欠缺，但是实际上员工想表达的是工资不高。管理者并没有就这一点深入提问，只是唐突地给出了自己的意见。这种“求索式”的聆听很容易导致对方反感，进而不愿意与你继续沟通。因此，教练式沟通强调，在聆听的过程中，不仅要了解自己的需求，更要了解并满足对方的需求。

（4）误解对方，导致“主观式”聆听

在传统的沟通模式中，人们习惯于站在自己的角度聆听。也就是说，无论对方表达的内容是什么，我们首先要从自己的角度去分析对方的观点和想法，一旦我们认为自己与对方的观点不符，就很容易站在自己的角度驳斥对方。很多时候，因为过于主观臆断，会导致我们误解对方，进而走进“主观式”聆听的误区。

例如，员工希望管理者能为自己提供帮助，向管理者说明了自己在工作中遇到的难题。如果在聆听的过程中，管理者采取的“主观式”聆听，管理者必然会认为员工是能力不强，所以问题多。这样一来，管理者就误解了员工，导致员工自信心受挫，下次不会再主动提出问题并积极解决问题。

所以说，不会聆听的人也就不懂得如何沟通。真正的有效沟通必须建立在有效的聆听之上。因此，教练式沟通强调，要想做到有效聆听，就需要避免以上几种在传统沟通模式中存在的误区。

4 积极聆听的三个原则

在理想的沟通中，双方都应该是一个积极的聆听者。换句话说，一个好的沟通者，首先必须是一个积极的聆听者。但是在实际沟通中，很少有人能做到积极聆听。在沟通中，常见的表现是漠不关心、随便听听或者只选择听自己喜欢的。而导致这种问题产生的原因是，我们没有深刻认知到积极聆听的意义，没有掌握积极聆听的原则。

在教练式沟通中，积极聆听是为了理解对方，而不是为了反驳或评论对方的观点。所以，当我们明确知道了这一点后，我们就能明确积极聆听在沟通中的作用和意义。而要让积极聆听在沟通中发挥出最大的效用，促进沟通目的达成，就需要掌握这其中的原则。

世界著名的管理大师卡尔・鲁杰司为了改善管理者与员工之间的沟通，提出了积极聆听法则。所谓的积极聆听，就是指要用积极的态度去聆听对方所表达的内容，进而了解事实的真相，然后解决沟通中存在的问题，达成沟通目的。所以说，要想达成有效沟通就必须具备积极聆听的能力。这种能力不是与生俱来的，可以通过后天的训练达成。关于这一沟通技能，卡尔・鲁杰司提出以下三个原则。

（1）站在对方的角度去听

每个人都有自己的价值观和立场，而这些都是通过长期积累形成的，并不是通过简单的沟通和引导就能够改变的。因此，在交际沟通中，我们要做的不是站在自己的角度去驳斥对方的观点，强制对方赞同自己的想法。而应该换位思考，站在对方的角度去聆听，设身处地为对方着想，理解对方的想法。

在生活或者是工作中，我们不难发现，很多时候，无论在沟通中遇到任何问题，只要我们能站在对方的角度去听，就会发现其实事实并非自己所理解的那样。当我们通过聆听了解对方，理解对方的时候，沟通中的问题自然而然能得到解决，沟通也会顺利进行下去。尤其是双方在沟通中产生冲突的时候，我们更不能急于反驳，而是要静下心来，站在对方的角度，聆听对方的表达。一般情况下，产生冲突的主要原因是我们不了解对方的真实想法，只是凭借自己主观臆断评价对方的观点和想法。因此，为了避免这种冲突产生，我们需要具备“同理心”，站在对方的角度去听。

某团队有两名员工，小王和小余。小余在工作中十分认真，对事情也比较较真。每当发现小王在工作中存在一些问题时，就会找到很多数据来证明这个问题。但是在小王看来，这不是相互沟通探讨问题，而是在逼问自己。于是小王向小余表达了自己的感受，但是小余也明确表明自己没有逼问的意思。在接下来的一次工作沟通中，小余的表现还是如此。而小王已经无法忍受这种感觉了，于是拒绝跟小余在一起讨论任何问题。半年后，小余因为团队协作能力差被公司辞退。

小余自认为没有错， 他做这些的目的就是帮助对方认清自己的问题，进而更好地改正自己的错误。所以，他不明白为什么自己“好心被当驴肝肺”。事实上，小余的做法看上去并没有错，错就错在他在沟通的过程中太注重表达，没有站在小王的角度去聆听。在小王看来，他需要一个人指出他的错误，但并不希望别人拿数据逼问自己。这种形式无疑会给自己造成很大的压力，导致自己产生恐惧感。因此，为了在沟通中避免类似问题的产生，我们要懂得站在对方的角度去听，去了解事情的真相。

（2）确定自己所理解的就是对方所讲的

聆听是为了从对方的表达中，获取有效信息，达成沟通目的。而为了确保信息有效，我们就必须要确定自己所理解的就是对方所讲的。

在实际的生活和工作中，我们每个人因为成长环境、受教育程度及接触人的人的不同而形成不同的思维模式。这种思维模式是独有的，会让我们对同一件事物产生跟别人不一样的看法，也会让我们在聆听别人说话的时候无意识地以自己的思维模式去判断。这种情况会导致我们所理解的并非对方所讲的。也就是说，我们获取的信息是无效的，沟通目的自然也无法达成。

因此，除了要站在对方的角度聆听，我们还需要转变自己的思维模式去理解对方所表达的内容。更为关键的是，我们理解之后还要跟对方确定，我们的理解是否正确。如果我们的理解跟对方所表达的存在偏差，那么我们需要请求对方再表达一遍，让自己能够明确对方的想法和需求。

（3）以真诚、专注的态度聆听对方的表达

无论是生活中还是工作中，我们都要明确知道，很多时候态度决定了一切。同样，在沟通中也是如此，你沟通的态度是否真诚、专注，决定了沟通的有效性。因此，教练式沟通强调，积极聆听还必须遵守的原则是，以真诚、专注的态度聆听对方的表达。

如何表达自己的真诚和专注？在沟通的过程中，我们在聆听对方的表达后，要给出积极的反应，让对方明确知道我们在听，而且能理解对方的表达。例如，在沟通中，就对方的观点进行复述，或者在对方表达的时候点头示意，或稍稍前倾身体。这些动作或表情都能让对方觉察到你在专注聆听。当对方感受到你的真诚后，更愿意表达自己内心真实的想法，进而从中获取更有效的信息，促进沟通有效进行。

积极聆听是教练式沟通的关键环节，对沟通的成败起着决定性作用。而要让聆听对沟通发挥积极作用，就需要遵守以上三个原则，获取有效的信息，让沟通能够顺利进行，并达成沟通目的。

5 3R聆听技术

在教练式沟通中，做到积极聆听除了要遵循以上三个原则，还需要掌握聆听中的“3R”技术。3R技术是教练式沟通中的一种聆听技巧。所谓的“3R”，是指接收（Receive）、复述（Rephrase）、反映（Reflect）。

3R聆听技术，其实就是对沟通过程的一个概括。具体来说，就是为了达成沟通目的，我们首先需要接收对方的信息，而且要确保这些信息是有效的，为了确保信息的有效性，我们需要对所获取的信息进行复述。此外，为了确保沟通的有效性，还需要积极的反馈。

（1）仔细聆听，接收有效信息

在交际沟通中，要想达成沟通目的，首先我们需要仔细聆听，接收有效信息。那么要如何聆听，获取更多的有效信息呢？

在传统的沟通中，我们习惯站在自己的角度表达自己的观点和想法，也喜欢站在自己的角度接收自己喜欢或感兴趣的内容。但是这种方式，接收到的信息是片面的，不利于有效沟通。因此，为了避免这种情况，让自己在沟通中作出更准确的决策，我们需要站在对方的角度，仔细聆听对方表达的内容，并从中获取对沟通目的有效的信息。

在聆听对方表达的时候，为了确保信息的准确性和有效性，我们问自己三个问题，第一，此次沟通的目的是什么？第二，他到底想要表达什么？第三，他表达的这些究竟是为了达成何种目的？当我们能明确知道这三个问题的答案后，我们自然就知道需要接收哪些信息。也就是说，在聆听的过程中，我们需要从对方表达的信息中去获取这三个问题的答案。

（2）复述接收的信息，确保信息的有效性

复述，即在别人表达完自己的观点和想法后，我们要将对方的想法和观点进行总结，并跟对方确认。复述是聆听过程中不可缺少的环节。因为很多时候，我们为了能够更顺利跟对方进行沟通，我们会尽可能获取更多的信息。但是人的记忆力是有限的，我们很难在对方表达完所有的内容后，完全记住这些信息并确保这些信息的准确性。

因此，为了接收并记住对方的观点和想法，我们要学会找到合适的机会向对方复述，确认对方所表达的内容。这里需要注意的是，复述并不一定要等对方完全表达完，因为很多时候，对方表达的内容多，耗时长，如果等他完全表达完，我们聆听的内容很容易忘记。因此，就需要聆听者懂得艺术性地插话，在适当的时候向对方复述，确保接收信息的真实性。

某位员工因为工作遇到困难，跟领导说：“感觉自己压力太大了，太累了。”领导听完员工的表达后继续问：“那你觉得是什么问题导致的呢？”员工思考了一下回答说：“最近遇到的问题多，处理不完，很累。”领导回答说：“你说自己压力大，工作问题多，并且很累是吧？所以，是

不是这份工作超出你的能力范围了？”员工感到很疑惑，明明自己只是想传递任务能够轻松点，想争取一点休息时间的信息，领导却理解成自己能力有问题。员工立刻回答说：“不是，我是想申请休息两天。”

试想一下，如果该领导没有复述员工的话，并将自己的理解表述给员工听，那么领导很可能会怀疑自己安排的工作超过了员工的能力。而这样理解后，接下来他有可能会为员工减少工作任务，降低员工的薪酬，或者为员工安排一些提升能力的培训。而无论是哪种方案，都不能满足员工的需求。所以，在聆听的过程中，复述对方表达的内容，确保信息的有效性是必不可少的环节。一般情况下，可以询问“请问你的意思是……”“我的理解是……这是你想表达的吗”。

（3）给对方积极、真诚的反映

教练式沟通要求用积极的态度聆听对方的谈话，并且要听懂对方的谈话。而听懂对方的谈话，就需要给对方积极、真诚的反映。通常情况下，可以采取以下几种方式表达自己对对方谈话的兴趣：

第一，保持视线接触。即在沟通的过程中，要看对方的眼睛。因为很多时候，判断一个人是否真诚是通过眼神确定的。但是，这里需要注意的是，不能一直盯着对方，以免给对方造成紧张不安的感觉。

第二，表示理解。作出积极反应的最好方式，就是即便不完全认同对方的观点，也要表示理解。例如，可以点头示意，你听懂并理解对方的观点。

第三，保持专注。在沟通的过程中，切忌有玩手机、看手表的小动作，这些都是不真诚的表现。

实际上，人与人之间是平行线的关系，而沟通就是让平行线找到交点，即两个人的共同之处。而要做到这一点，我们除了要真诚地表达自己外，还要懂得利用教练式沟通中的3R聆听技术，让自己更懂对方。当双方之间建立友好的关系后，两个人的交点会越来越多，而这时候沟通中的问题就更容易解决，沟通目的也自然更容易达成。

6 如何成为积极聆听者

积极聆听的目的是获取信息，帮助进行谈话。所以说，在沟通的过程中，积极聆听是比表达更为重要的事情。但是在传统的沟通模式中，人们要么侧重表达，要么陷入聆听的误区，很少有人懂得如何成为一名积极的聆听者。而教练式沟通认为，要想达成沟通目的，必须掌握聆听的技巧和方式，成为一名真正的积极聆听者，进而更好地促进沟通目的的达成。

（1）培养积极聆听的技巧

在传统的交际沟通中，人们之所以不懂得如何成为一个积极聆听者，根本原因是他们并没有认识到积极聆听的重要性，所以自然没有人会有意识去培养积极聆听。积极聆听不是自然产生的，需要在沟通的过程中刻意而为之，培养自己积极聆听的技巧，掌握积极聆听的方式，并运用到实际沟通中。一般情况下，积极聆听需要掌握以下几个技巧：

第一，营造和谐的沟通氛围。在紧张的环境下，谁都不愿意将自己的真实想法表达出来，也就更谈不上积极聆听。因此，积极聆听的前提是要营造一个和谐的沟通氛围。例如，可以选择一个安静的场所，关掉自己的手机，保持愉快心情。

第二，控制好自己的情绪。在交谈的过程中，对方所表达的观点很可能会跟自己不一致而让自己感到不开心，也有可能会对对方的想法引起共鸣而高兴。但是无论是哪种情况，我们都要切记，此刻对方是主角，我们情绪的任何波动都有可能影响对方，进而会影响我们聆听的效果。所以，我们需要在沟通中控制自己的情绪。

第三，善于引导对方。要想从对方的表达中，获取更多与沟通目的相关的有效信息，我们在聆听的过程中，除了听，还要善于用语言引导对方。例如，“嗯，我明白了。”“是的，我懂这种感觉。”“很能理解你的想法”。这种简短的鼓励性的语言能让对方对自己的表达更加自信，进而真诚地传递更多的信息。

第四，懂得利用“乒乓效应”。所谓的“乒乓效应”，是指在我们聆听的过程中，要适时地提出一些关键问题，或发表自己的意见和看法，来反映对方的谈话。但是，需要注意的是，要找到合适的时间，因为随意打断别人说话，既不礼貌，也影响你聆听的效果。

（2）让对方把话说完，并记下要点

在传统的沟通模式中，如果遇到对方跟自己观点不一样的时候，很多人的做法是立即用自己的观点反驳对方。或者是遇到对方跟自己观点一致的时候，很多人也会因为引起共鸣而打断对方的说话，滔滔不绝表达自己的观点。这两种做法，都有可能导致沟通终止。因为一来你不断打断对方的谈话是一种不尊重对方的表现，二来因为你的打断，对方的思维会混乱，不知道接下来要怎么表达。

所以，为了避免这种情况，积极的聆听者应该做的是，让对方把话说完，也就是说，无论对方表达的是跟你截然相反的观点，还是能够引起你共鸣的观点，你都必须让对方说完，并记录对方表达中的要点。记

录要点是为了在对方谈话结束后，能够再次跟对方确认我们所聆听到的是否是对方所表达的。这一步是为了确保信息的有效性。

（3）秉持客观的态度、开阔的胸怀

在传统的人际沟通中，人们因为侧重自己的表达，所以在沟通中主观意识比较强。这种强烈的主观意识，常常导致在沟通过程中，因为双方观点不一而产生冲突。所以，教练式沟通认为，要成为一名积极的聆听者，首先就要避免在沟通过程中出现个人主观臆断的意识，而是要秉持客观、开阔的胸怀。

某团队的策划部新来了一名刚毕业的实习生，实习生非专业对口，甚至对电脑的很多操作都比较陌生。于是第一天上班的时候，就不停询问她对面的同事。一个星期下来，这名实习生很不好意思地跟她同事说："实在不好意思，我给你添了不少麻烦。"同事笑着说："没事的，我也是你这么过来的，刚毕业出来都不容易，我也只是把我知道的都跟你说一下，你自己要学习的地方还有很多，加油吧！"实习生也笑着回答说："我都觉得自己不适合这份工作。"同事拍拍她的肩膀鼓励说："毕业后都要经历一个磨炼期，再试试。"

如果这位同事没有客观、开阔的胸怀，很可能在实习生询问一些问题的时候会表现出不耐烦，认为对方打扰了自己的工作，耽误了自己的工作进度，而且这些简单的问题自己也不屑回答。而这种态度会导致他们之间的沟通失败。而沟通失败的结果是，实习生在很大程度上会选择离职。所以说，成为一名积极的聆听者，需要秉承客观的态度和开阔的胸怀，只有这样对方才能向你敞开心扉，沟通目的才有望达成。

（4）了解对方真正的想法

积极聆听的目的就是获取有效信息，促进沟通目的达成。因此，要想成为积极聆听者，就必须掌握沟通对方真正的想法。而掌握对方的想法，最简单的方式就是遵循积极聆听原则和3R聆听技术。也就是说，我们需要站在对方的角度去思考问题，并将我们聆听并理解的信息传递给对方，再次确认信息是否有效。如果信息有效，我们需要对信息进行处理、分析，挖掘出对方表达内容背后真正的想法和需求。一旦我们能精准锁定对方的需求或潜在需求，并尽力满足这些需求，沟通中的任何问题都会得以解决，沟通目的自然很容易达成。

所以说，评判一个人的沟通能力，看的并不是这个人的表达能力，而是聆听能力。一个积极的聆听者远比一个滔滔不绝只会表达自己的人占据更多的话语权和主动权，能够决定沟通是否有效。因此，教练式沟通一直强调并鼓励人们掌握聆听的技巧和方式，让自己成为一名真正的沟通达人。

肯定并回应所听到的信息

所谓的沟通，简单来说，就是将信息由一个人传递给另一个人。沟通中有一位是信息的传递者，另一位是信息的接收者。整个沟通具体来说就是信息传递者，将信息以某种方式传递给信息接收者后，信息接收者需要对这些信息进行分析、整理，了解信息的真正意思，然后再将信息反馈给信息接收者。从这个过程可以总结出，沟通其实是一个双向传递信息的过程，缺少任何一个环节都会导致信息失效，沟通失败。

但是，在传统的人际沟通中，很少有人认识到这一点。在以上环节中，他们只能单纯地做一名信息的传递者或是信息的接收者，很少会认真聆听接收的信息，并对信息进行处理，然后反馈给信息传递者。传统的这种单向的沟通模式，显然无法确保信息的准确性和有效性，利于沟通顺利进行。

因此，教练式沟通认为，在沟通过程中，信息传递者固然重要，但是信息接收者的角色更为重要。因为沟通能不能成功，是否有效，取决接收者接收的信息是否有效。而接收者在沟通的过程中，要想接收到有效信息，就必须对传递者传递的信息肯定并回应自己所听到的信息。

（1）沟通无力时，要懂得肯定和赞美对方

在传统的沟通模式中，在遇到对方跟自己观点不一致的时候，人们最常见的做法是寻找各种理由，反驳对方，更有甚者会用恶劣的语言攻击对方。但是每个人都有自己的价值观和立场，我们很难通过三言两语就轻易改变别人的想法。所以说，当沟通无力时，采用改变对方想法的方式是行不通的。我们需要做的是，转变自己的思维，即便对方的观点跟自己不一样，我们也要秉持客观、开放的胸怀，懂得肯定和赞美对方的观点。

美国著名心理学家威廉·詹姆斯曾经说过，人类本性上最深的企图之一是期望被赞美、钦佩和尊重。当我们懂得去欣赏对方的时候，对方会更有信心表达自己，沟通也会顺利进行。一般情况下，在沟通中，我们需要懂得如何肯定、赞美对方。

真诚赞美。这里所说的真诚，就是一定要发自内心地肯定对方的观点，而不是违心地恭维。也就是说，赞美的时候，一定要以对方所表达的内容为依据。

懂得借用第三人称的口吻赞美。很多时候，一件事被第三人夸赞，说明这件事做得很好。同样，在沟通的过程中，也要懂得利用第三人称的口吻肯定和夸赞对方。例如，管理者跟员工沟通时，可以说："难怪，我之前听某某说，你的想法很有创意，今天算是大开眼界了。"

有针对性地肯定和赞美。肯定和赞美对方需要根据不同的人，采取不同的方式。例如，对思维敏捷的人，肯定对方的时候要直截了当；而对疑心很重的人，要把话说明白，消除他们的疑心。

（2）及时回应，避免信息流失

在传统的沟通模式中，大多数人只做到了第一步，将自己的信息表达出来，很少有人会对接收到的信息作出及时的回应，因此，经常导致出现的问题是，自己所接收到的信息并不是对方所讲的信息。而为了避免这种情况发生，教练式沟通认为，除了要在沟通过程中肯定并赞美对方，还需要及时回应自己听到的信息，避免造成大量的信息流失，或者导致自己听到的并非对方所讲的。

某公司一名工作了两年之久的员工，忽然提出离职。领导感到很惊讶，并找来该员工面谈。该员工回答说："我在公司已经待了两年了，感觉这两年下来自己没有进步多少，也许我真的不是很适合这个行业。"领导一边低头看手机一边问："所以呢？"员工说："我是想突破一下自己，希望有机会证明一下自己的能力，提升自己的待遇。"领导没有回应，该员工继续说："所以，我还是离职吧。"领导这时候放下手机说："你说你不适合这个行业，那你适合什么行业呢？"该员工摇了摇头，没有继续说。

该名管理者在跟员工的交谈中一直在低头看手机，既没有肯定员工的说法，也没有及时回应自己听到的信息，所以导致大量信息流失。其实该段对话中，员工表达的重点并不是离职，而是希望管理者能提供一个证明自己的平台，进而提升自己的薪酬。但是管理者只听到了员工要离职，所以导致信息流失，管理者误解了对方谈话背后的真正意图，最终沟通以失败告终。所以，教练式沟通强调，一个沟通是否成败，还取决于信息接收者是否懂得回应。

在实际沟通过程中，我们很容易受到外界因素的干扰，而导致我们没有听清楚，没有理解或者我们还无法获得更多的信息，以促进沟通目的达成。这时候，我们首先需要做的就是在聆听的过程中，要肯定对方的谈话。肯定对方的谈话一方面是对对方的基本尊重，另一方面能够增强对方的信心，让对方更充分表达自己。同时，我们还需要懂得在适当的时候作出及时的回应。这样做能够帮助我们理解并掌握对方所传递的信息，有效促进沟通目的达成。

第4章 有力提问，促进有效沟通

发问是贯穿教练式沟通的关键环节。可以说，不懂得提问就不懂得如何沟通。在沟通中，具备良好的反问能力，能有效促进沟通目的达成。相关研究表明，在实际的沟通中，之所以问题频出，冲突激烈，就是因为很多人并不明白事情的真相，不了解事情的前因后果。而要弄清事情的真相，明白事情发展的前因后果，就需要我们通过提问获取更多的信息。本章通过相关案例具体讲述了提问的作用和技巧，掌握这些技巧，会让沟通变成一件更加容易的事情。

1 冲突根源：对他人的期待

无论是在生活中还是在工作中，人们难免会在沟通中产生冲突。这也就是沟通中常见的人际冲突。人际冲突是一种广泛的社会现象。人际沟通学家威廉·威尔莫特和乔伊斯·霍克给人际冲突的定义是，两个或者两个以上相互依赖的个体之间，感到彼此的目标不相匹配、资源不足以及彼此的行为对对方实现目标产生干扰的时候，所表现出来的明确斗争行为。根据该定义，我们可以仔细分析出，导致人际冲突的关键因素是：明确表现出来的斗争、彼此间的相互依赖、感到目标的不匹配、感到资源不足和来自对方的阻挠。归根结底，都是因为我们对他人有所期待。

所以说，冲突的根源就是对他人的期待。这一点很好理解。例如，在上学的时候，我们考了90分的成绩，但是爸妈却对此不满意，会因此批评我们。这是因为爸妈的期待是100分，我们没有满足爸妈的期待。又如，在工作中我们按时完成了任务，但是管理者还是不满意，因为管理者期待大家能做出惊人的绩效，但是员工并没有满足领导的期望。这些冲突，就是因为我们所做的没有满足对方的期待，所以冲突自然就产生了。而要解决这种冲突，就需要降低自己对对方的期待，或者超越对方对自己的期待。

（1）降低自己对对方的期待

其实，可以说我们在生活中所有的冲突、不快乐，都来源于对他人过高的期待。例如，情侣在暧昧期很少会产生强烈的冲突。但是如果两个人正式交往，或是结婚后，会发现冲突越来越多，而且越来越激烈。这是因为双方都对彼此抱有很大的幻想和期待。例如，女士希望男士在各种节日精心给自己准备各种礼物，而男士希望女士勤俭持家。当实际生活到一起的时候，双方发现对方并不能满足自己这些期待，就会因为诸如不洗碗或者没有买礼物这种事情而发生争吵，产生冲突。

所以说，解决冲突根源最好的办法就是降低自己对对方的期待。在做任何事情，或表达自己任何观点之前，我们首先要站在对方的角度去思考，然后问自己，是否能做到这一点。如果我们自己都做不到，就不要期待对方去为你做这件事。而且，期待这件事，本身就属于个人主观的想法。如果你不说，没有人知道你喜欢什么，讨厌什么，自然也无法满足你的期待。

因此，在沟通的过程中，除了要降低自己对他人的期待，还要适当表示自己的期待。但需要注意的是，表达自己的期待并不是要把自己的观点强加给对方。例如，一名管理者希望员工能够改掉自己的拖延症，管理者可以说："我觉得你有更大的潜力，如果你改掉这个拖延症，提升工作效率的话，将来一定会大有作为。切记不可以直接说："我希望你改掉这个坏毛病，努力提升自己的绩效。"这种说话方式往往会取得适得其反的效果。

（2）超越对方对自己的期待

导致冲突产生的原因是沟通的双方无法达成对方的期待。那么要想解决冲突根源，除了要降低自己对他人的期待，还要试着超越对方对自己的期待。

某团队接到一个紧急任务，主管将该任务交给了自己的得力员工，并要求该员工在五天之内完成。该员工对于这次任务认真对待。但是三天后，主管接到上级通知，需要提前一天上交工作任务。该领导找来员工，希望员工能够加班赶任务。而员工这时候说："领导，我已经完成了，只需再修改完善了。"领导查看了员工的工作之后，表示意外惊喜，并对该员工进行了奖赏。

如果该员工按时或者拖延时间完成，很可能会导致双方之间发生冲突，但是该员工超出了管理者的预期，不但消除了可能发生的冲突，还让该员工得到了更多的鼓励。所以说，很多时候，超越别人的期待也能更好地化解冲突。

在实际沟通中，我们不能总是站在自己的角度要求对方。我们要求对方之前也要明确知道，自己是不是也能做到。同时，我们还应该要求自己做出一些超出对方期望的事情。其实，在沟通中跟对方发生冲突并不是一件可怕的事情，很多时候，适当的冲突能激发人的思维，让对方能够进行深入思考，进而促进沟通目的的达成。所以，我们需要注意的不是完全制止冲突的发生，而是要降低自己对他人的期待，让冲突的发生变得更有意义和价值。

2 用提问与他人沟通的好处

在传统的沟通模式中，我们侧重的是表达自己的观点，或者聆听别人的观点。在这种单向的模式中，沟通的彼此之间很难知道对方所表达的真正意思。而要解决这种问题，教练式沟通认为，最好的方式就是采用提问的方式与他人沟通，进而挖掘事情背后的真相。

古希腊著名的思想家苏格拉底曾在一次公开的演讲上，向学生提出了一道高等数学题。但是在场的学生，几乎没有一个人能解答这个题目。很多学生认为，这道数学题的难度太大，大概只有苏格拉底自己能解答出来。于是，苏格拉底叫起了场上一个五岁的小孩，通过连续发问的形式引导小孩，结果令在场学生震惊的是，小孩在苏格拉底一个问题接着一个问题的提问后，解答出了这道数学难题。最后，苏格拉底对在场的学生说，不管面对任何困难，其实人们内心早就有答案，只是因为认知问题，我们不知道要如何挖掘自己内心的答案。而适当地发问，是发现有效解决方案最好的方式。

试想一下，如果苏格拉底没有提问，这个问题显然不会有人解答出来，更不会被一个五岁的小孩解答出来。而之所以会出现这种惊人的效果，就是因为提问带来的好处。所以有人说，不会提问也就等于不会沟通。那么，用提问与他人进行沟通到底有哪些好处呢？

（1）迅速了解对方的真实想法和事情的真相

很多人在沟通的过程中，因为很难跟对方建立信任关系，所以常常会隐藏自己真正的想法。而一旦对方表达出来的信息不真实，我们获取的信息自然就是无效的，进而沟通目的也就无法达成。

因此，教练式沟通认为，要想迅速了解对方真实的想法，就需要通过提问。例如，管理者发现员工心情不好，会认为员工压力大或者是工作或生活中遇到了难题。但是如果不询问，管理者单凭自己的猜疑和假设，很可能会误解事情，更不可能帮助员工解决问题。

（2）了解对方对沟通内容的理解程度

沟通是否能顺利进行并取得效果，关键在于双方之间是否能互相理解对方所表达的内容。而要确认这一点，就必须采取提问的方式。例如，在沟通过程中，为了确保自己听到的是对方所讲的，可以询问“请问是这个意思吗?”此外，在自己表达结束后，不知对方是否理解自己的真正意思，我们也需要通过提问的方式确认，如可以询问“请问你能理解我的意思吗?”如果对方的回答跟自己所表达的不符合，那么应该重新表述，直到确认信息准确为止。否则信息会失效，沟通目的自然难以达成。

（3）帮助对方集中注意力

人的注意力是有限的，而且在沟通的过程中，我们很容易因为对对方的谈话内容不感兴趣，或时间过长而无法集中精神聆听对方的谈话内容。因此，为了避免这种情况发生，我们需要找到合适的方法，让对方和自己都集中注意力。而提问既能让自己认真聆听对方的谈话，也能让对方集中注意力回答问题。例如，在沟通的过程中，当我们发现对方注意力不集中的时候，可以询问对方“你觉得我的想法怎么样”“你有什么建议或者更好的想法吗”。一旦提问了，对方就会开始认真思考你之前所表达的内容，注意力自然就集中了。

（4）引导对方思考

沟通是为了解决问题，达成目的，而提问能够引导对方深入思考，进而自己找寻解决问题的办法。所以说，懂得提问也是沟通中的一门技术。在沟通的过程中，我们可以通过提一些与沟通目的相关的问题，来引导对方思考，从而找到有效的解决问题的方式，促进问题解决。

某产品营销部的一名员工在上班期间表现得特别焦躁，领导发现后找他面谈。管理者问：“你最近是不是心情不好？”员工说：“没有啊，还行。”管理者说：“如果工作遇到问题了，可以及时求助。”员工支支吾吾说：“最近确实工作存在一些问题。”管理者又问：“那是什么导致这些问题产生呢？”员工说：“自己对产品的概念了解还不到位。”管理者听后笑着说：“你要知道，产品部是最了解产品的。”员工思考了一下说：“我有空去产品部了解一下。”

该管理者正是通过提问的方式引导员工思考，进而让员工自己找到解决问题的方法。教练式沟通认为，要想在沟通中解决问题，不是强迫对方接受自己的建议，最好的方式是通过提问引导对方深入思考，自己寻找解决问题的办法。

（5）促进双方达成共识

沟通的最终目的就是让双方就某一观点和想法达成共识。例如，某团队管理者希望员工加快工作进度，而员工希望管理者不要每天安排加班。那么这时候双方之间会因为无法达成共识产生冲突。而导致这种冲突产生的原因是，双方之间都不知道对方的想法。

所以，为了避免以上冲突的发生，管理者可以通过提问的方式，引导对方，让双方之间达成共识。例如，管理可以问：“你觉得我们是不是应该加快一下工作进度，因为现在的工作进度影响了客户成交率，你们的薪资自然会受到影响。”当管理者提出这种问题后，员工会深思，会认为管理者是为了大家的薪酬而加快工作进度。最终经过思考后，双方会交流自己的想法，最终达成共识。

有人说沟通是一门艺术，那么提问自然是一门技术中的技术，不懂得提问，也就谈不上沟通。因为，在沟通中，只有懂得提问的人，才能了解事情背后的真相，进而通过提问引导对方思考，找到解决问题的答案，并使双方达成共识，促进沟通目的达成。

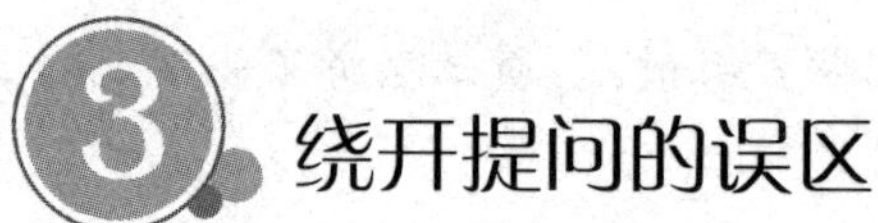

3 绕开提问的误区

在传统的人际沟通模式中，人们也会在沟通中进行提问。但是他们提问的方式，很多时候不但不会挖掘事情的真相，引导对方深入思考，解决问题，反而会激化矛盾，导致双方之间产生冲突。例如，他们会在对方观点跟自己观点不一致的时候问："为什么不同意我的观点？""你不觉得你的想法太片面吗？"这种问题虽然看上去像是在征求对方的意见，但实际上是在强迫别人认同你的观点。没有任何一个人愿意接受别人的强迫改变自己的观点，那么这时候他们会选择直接结束沟通，沟通目的自然无法达成。所以，教练式沟通认为，要学会在沟通中提问，但前提是绕开提问的误区。

（1）没有意义的询问，让对方一知半解

提问是为了引导对方思考，激发对方的思维。但是并不是要求在沟通的过程中，不停地向对方提出各种毫无意义的问题。教练式沟通认为，没有意义的询问，不仅会降低问题的价值，还会导致对方处于一知半解的状态中。

例如，当我们提出自己的观点和想法时，不断询问对方："你觉得我的想法对不对？""是不是我所说的这样？"这种问题表面上看好像是在征求对方的意见，但是仔细想想是没有任何价值和意义的。对方只能回

答是或者不是。如果回答不是，很有可能因为观点不一致引发冲突。此外，类似于这样的封闭式问题还会限制对方的思维，让对方对你所表达的内容仍然处于一知半解的状态。长期下来，这种模式反而会助长对方思维的惰性，不利于沟通目的达成。

提问是促进沟通目的达成的有效手段，但是不能将提问引导思考和解决问题画等号。提问是为了引导对方思考，如果你的问题不能引导对方思考，那就是没有价值的，问了等于白问，甚至不如不问。因此，提问的时候一定要避免提出没有意义、无法激发对方思考的问题。

（2）没有针对性的询问，导致对方陷入误区

很多人在提问的时候，没有事先想好要怎么提问才能引导对方思考。因此，他们在沟通中，通常是想到哪儿，问到哪儿，甚至很多时候提出的问题都与沟通目的毫不相干。这种没有针对性的问题，往往让对方陷入思维的误区。例如，管理者想要员工改掉迟到的坏习惯，管理者问员工“最近你的工作效率怎么样?”针对这个问题，员工肯定会思考自己近来的工作状况，不会意识到自己迟到的问题。

（3）提问刻板，导致对方对问题失去兴趣

很多人在沟通的过程中，为了挖掘对方的真实想法，会提出很多刻板的问题，而刻板的问题很容易让我们对提问失去兴趣，进而不愿意深入思考，认真回答。例如，小学时期，在课堂上老师问我们：1+1等于几？对于这种问题，同学们很少会特别积极地思考发言。如果老师说，今天早上我买了一个鸡蛋，然后卖早餐的又送了我一个鸡蛋，你们猜，老师今天早上吃了几个鸡蛋？这种有趣的问题，一方面会让大家听着问题就开心，另一方面会让大家积极思考，并自己寻找答案。同样，在沟通中，虽然我们不需要像老师提问学生一样，但是我们也需要让问题更

加有趣，激发对方的兴趣，让对方乐于思考问题，并主动找到解决问题的方案。

（4）刨根问底式的提问，导致对方反感

通过不断地提问，能够引导对方思考，并找到解决问题的方案。但是这种提问是有逻辑，有规律的，不是刨根问底式的提问。例如，当某员工情绪出现很明显的变化时，领导询问“你为什么情绪这么低”“是什么导致你情绪这么低”“是工作遇到什么难题了，还是你自己个人生活中遇到什么问题了”等。对于领导者来说，这些问题都是为了找到员工情绪不高的原因，但是这种刨根问底的方式会让员工陷入恐慌，不知道如何作答，严重的时候，会因为问得太多，触犯对方的隐私而导致对方反感。所以说，在提问的时候，管理者也需要注意这一点，避免刨根问底式的提问，导致对方反感。

（5）陷入“求索式”误区，强迫对方认同自己的观点

提问的意义是引导对方思考，促进沟通目的达成。但是，很多人在沟通中会利用提问这种方式来强迫对方认同自己的观点，如会问“你觉得我的观点不对吗？”“那你认为，你自己的观点跟我的比哪个更好呢？”这种问题，无疑是在求索，强迫对方认同自己的观点。这种方式无疑会导致沟通终止。所以，教练式沟通认为，可以通过提问引导对方思考，但是不要采取“求索式”的提问，强迫对方认同你的观点。

提问跟聆听一样，需要避开误区，掌握一定的技巧。所以，在人际沟通中，我们要学会向对方提问，并清楚地知道如何避开提问误区，提出高质量的问题，让沟通目的顺利达成。

提问背后的假设：每个人都是对的

在传统的人际沟通中，我们常站在自己的角度表达自己的观点，站在自己的角度评价对方的观点。所以在这个过程中，我们只会肯定自己的观点，而对别人的任何观点都会提出百般质疑。例如，当我们与对方观点不一致的时候，会询问对方："你的观点是不是存在问题?"这种问题提出以后，对方不仅不会认真思考，反而会选择不回答这个问题。因为这不仅是在质疑对方，更是对对方的不尊重。所以，教练式沟通认为，在提出问题时，要做出每个人都是对的假设。

为什么要在提问背后假设每个人都是对的?因为只有当我们认可对方的观点时，我们才能提出更深入的问题，引导对方思考，了解事情的真相。否则，我们会让自己的思维套上枷锁，无法了解事实真相，进而导致沟通失败。

(1)理智理解对方的意图，不要猜测对方是故意的

在传统的人际沟通中，我们出于自我保护的心理，常会从自己主观的角度去猜测对方的意图。这种主观臆断的猜测，无疑会导致双方之间产生冲突。因此，在提问的过程中，我们要理智理解对方的意图，不要猜测对方是故意的。

例如，工作中，员工跟领导说身体不舒服，想请几天假。那么管理者可以询问："需要几天假，要不要去医院检查?"这样员工自然会感到很开心，并愿意跟管理者继续沟通。如果管理者说："什么病需要请

假”，这就表明管理者在怀疑员工生病这件事情的真伪。员工听到这种问题后自然会不开心，导致沟通无法继续进行。所以，在提问的时候，要假装对方是对的，不要误解对方的意图，避免产生冲突，终止沟通。

（2）理性思考对方的谈话，从正面思考问题

在平时的交际沟通中，我们常与对方发生冲突的一个重要原因是，我们对对方提出的问题，难以进行理性的思考。很多时候，我们一旦发现与对方观点不一致，可能不等对方继续表达完，就会找出很多观点反驳。而我们之所以无法理性思考，就是因为我们看待问题的时候，常常认为对方是错的，自己是对的。因此，为了改变这种情况，提问的时候一定要理性思考对方的谈话，要假设对方是对的，从正面思考问题，解决问题。

某团队一名新员工在一次月末总结会议上提出了弹性工作制的建议。员工认为，现在“90后”的员工都向往自由，这种朝九晚五式的工作时间已经不能满足他们的需求。所以，为了吸引更多有活力的员工，可以实行弹性工作制。但是部门的管理者立即否认了他的提议，并说：“这不是周末在家休息，你想几点起床就几点起床，想干吗就干吗。一个公司就应该有公司的样子，你觉得这种连工作时间都管理不好的人，适合来我们公司吗?”员工回答说：“嗯，也许不适合，是我见识浅陋。”

该管理者之所以会立即反驳员工提出的意见，就是因为他完全是站在自己的角度，认为员工给出的这个提议是错误的。所以，无论这个点子是不是有创意，是不是值得采纳，管理者都没有考虑。也许员工的建议能够给公司招来很有能力的员工，管理者主观臆断的提问很可能导致错失了很多人才。因此，为了避免这种情况发生，教练式沟通强调，懂

得提问的关键是要理性思考对方的谈话，从正面积极的角度思考问题，并提出问题让对方深入思考，进而找到解决问题的方案。

（3）使用概括性的语言，肯定对方的观点

在提问的时候，我们要尽量使用概括性的语言，而不要使用判断性的语言。例如，我们要询问对方“我觉得你的观点不错，你是否能再介绍详细点?”而不是“我认为你的观点不太对，你还有什么要补充的吗?”同样是需要对方将自己的观点表达得更清楚，更便于自己理解，而第一种提问的方式，会让别人愿意继续跟你沟通。但是第二种提问方式，显然会让对方产生抵触心理，不愿意继续沟通下去。

所以，在提问的过程中，我们要假设对方是对的，就需要先肯定对方的观点，让对方有信心继续将自己的观点表述完。然后针对不清楚的地方再提问，提问的时候要概括性描述对方所表达的内容，而不是提出质疑和直接否认。否则只会让对方抵触跟你沟通，进而导致沟通目的无法达成。

需要注意的是，假设对方是对的，并不是要你认可对方的观点，只是为了站在客观的角度去跟对方沟通。在沟通中，假设每个人都是对的，主要是让我们能够始终站在客观的角度表达自己的想法和观点，并站在客观角度聆听对方表达的内容。这样做不仅能够排除主观臆断下片面接收信息，还能够让对方更愿意对你敞开心扉，表达自己的真实想法，进而构建和谐关系，促进沟通目的达成。

5 带着欣赏和好奇向他人提问

无论是互联网时代的网络游戏还是很早之前的单机游戏，都有一个共同特点，就是让人着迷。而让人着迷的原因，就是玩家的好奇心。因为玩家不知道游戏接下来会是什么关卡，会得到哪些新奇的装备等。所以，他们会带着好奇一直探索下去。同样，为了让沟通能够顺利进行，我们就需要在沟通的过程中，带着欣赏和好奇向他人提问。

无论是生活中还是工作中，如果你带着欣赏和好奇去提问，一方面，你会发现，对方更愿意跟你沟通，并且会更加集中精神，整个沟通气氛就变得更加愉快、和谐，更有利于沟通顺利进行；另一方面，带着欣赏和好奇去提问，你会更加客观去看待问题，并且通过这些问题，你更容易意识到沟通中存在的问题，并会更快找到解决问题的办法。例如，在沟通中，当发现对方观点与自己不一致的时候，我们就可以带着好奇去提问。当对对方观点有一个全面的了解之后，我们便不会想着立即反驳对方，而是会进入更深层次的思考，然后再客观表达自己的观点。所以说，这种提问的方式更能促进沟通目的的达成。那么在实际的沟通中，如何带着欣赏和好奇向他人提问呢？

（1）懂得欣赏别人，关注别人的优势

《哈佛积极心理学笔记》里有一段话："在成长的过程中关注到自身的优势，坚信在某些方面自己比普通人超长，对自己的未来相当自信，并且会不自觉地朝着好的方向努力以证实自己的判断。"也就是说，当我

们关注到自己的长处时，我们会不断努力去验证这个长处。同样，在沟通的过程中，我们也需要带着欣赏和好奇向他人提问，去发现别人的优势。一般情况下，带着欣赏的提问，大多是开放式的提问，如“你最欣赏自己哪一点”“工作中最让你有成就感的事情是什么”等。

某公司新招一名实习生，一个月还不到，该实习生就认为自己能力不够，无法胜任该工作，打算辞职离开。实习生的主管很是看好他，于是便跟他沟通说：“你认为你最大的优势什么？”实习生仔细想想说：“我刚毕业，对一切都陌生，感觉自己没什么优势。”主管笑笑说：“什么都不会其实就是你的优势，你完全可以慢慢学，能力就是一点一点积累的，那些有经验的也未必能有你这么认真。”员工听后很开心地说：“领导，我想再给自己一次机会。”

该实习生一开始怀疑自己的能力，并提出离职，而领导只是简单通过一个带着欣赏的提问，就留住了该实习生，可见提问的力量不可小觑。所以说，在日常的人际沟通中，为了让沟通顺利进行，并达成沟通目的，我们需要懂得欣赏别人，发现别人的优势，并带着欣赏去提问。

（2）关注对方的兴趣点与需求

带着欣赏和好奇向他人提问的前提是，一定要关注对方的兴趣点和需求，否则你的好奇不仅不会帮助你获取更多的信息，反而会让对方觉得无聊，不愿意继续跟你沟通。所以说，在沟通的过程中，并不是对对方的一切都好奇，而是要好奇跟沟通目的相关的情况。

某团队的一名员工提出了岗位晋升申请，领导收到员工的申请后，便找来员工面对面沟通。这期间领导问了员工很多与工作相关的问题，忽然领导话锋一转："我很好奇你周末都会做什么事情。"员工回答说："会看看书，或者跟朋友出去玩。"领导接着问："那你都有什么样的朋友呢？平时都玩些什么活动？"员工有点不情愿地回答说："随便玩的，朋友之间很随意。"领导笑了笑说："我不是打听你的私人生活，我就是看你作息时间规不规律，能不能胜任这份工作。"

从该员工最后的回答可以看出，已经明显不喜欢领导这种问题。在领导看来，他是带着好奇提问的，但是这种好奇已经涉及了员工的个人生活，严重点可以说侵犯了对方的隐私。所以，带着欣赏和好奇提问，并不是任何问题都可以。这就需要沟通前或者沟通过程中，了解对方的兴趣点和需求，然后有针对性地提问。

在沟通的过程中，当我们带着好奇去向他人提问的时候，对方就会产生一种自信，而这种自信正是因为我们看到了对方的优势，并通过这些优势关注到了对方的兴趣点，因此对方会更加积极地参与到我们的提问中，并且会认真回答我们提出的问题。这样我们就可以展开更深入的沟通，获取更多的信息，进而促进沟通目的达成。

6 教练式沟通的四种提问方法

随着教练式沟通中，提问技术在实际工作中的广泛运用，越来越多的人已经意识到这一技术的重要性。尤其是对团队的管理者来说，这种技术不仅能够引导员工深入思考，还能促进双方之间的友好关系。但是，很多初学教练式沟通的人会"误用"这个技巧。主要是因为他们不知道问什么，怎么问。所以，对于他们而言，最需要的是了解并掌握教练式沟通提问的方法。一般情况下，教练式沟通有以下四种提问方法。

（1）开放式提问，引导对方深入思考

在传统的人际沟通模式中，我们最常采用的是封闭式的问题，如“你认为你的工作完成得好吗”。这个问题只需要回答“好”或“不好”，不需要经过大量的时间思考。因此，这种提问的方式很难促进对方深入思考。而要改变这种情况，让沟通更深入，并通过提问引导对方深入思考，最好的办法就是采取开放式的提问。

所谓的开放式的提问是相对于封闭式的问题而言的，也就是说，它的答案不会固定、局限，无法用简单的“是”跟“否”来回答。当我们向对方提出开放式的问题后，就会引导对方打开自己的思维，进行深入的思考。例如，“你觉得自己最近的表现怎么样”“你认为自己存在哪些不足需要改进”等。这些问题是无法通过“是”与“否”来回答的，对方必须总结自己近来的工作状况，然后深入思考、分析，最终才能给出描述性的答案。

（2）正向式提问，避免直接给出建议

在传统的人际沟通中，很多人都喜欢站在自己的立场和角度去提问。这种情况下，一旦对方的答案不是我们想要的，我们很可能会批判对方，或者直接给出自己的建议。这种方式显然会阻碍沟通顺利进行。所以，教练式沟通认为，沟通需要采取正向式的提问，避免因为观点不一而直接批判对方或者给出建议，导致沟通目的无法达成。

所谓的正向式提问，就是要站在对方的角度，保持中立的态度，提出积极、正面的问题，让对方能够自主思考，充分表达自己的观点和意

见。例如，在提问的时候，问题要以对方为核心，一定是关注对方的想法和行为。

例如，某团队领导就员工工作效率下降这一问题与员工沟通，对话如下：

领导："遇到了什么问题导致你工作效率下降呢?"

员工："我最近接手的项目我自己不是很理解，感觉能力欠缺，不知道该怎么解决这个问题，所以一直拖延，导致工作效率下降。"

这段对话，领导不是直接批判员工或者直接以建议的方式提问，而是以"是什么"进入谈话。这个问题的关键点在于"让你"，即领导关注的是员工的想法和做法。这种提问方式就是将问题全部抛给了员工，管理者只需细心聆听员工的答案即可，避免了批判和直接给出建议。这样做既能让管理者了解事情的真相，又能让员工敢于说出自己内心真实的想法。

（3）审视式提问，激发对方的思维

很多人在跟别人沟通时， 当发现对方的观点和想法跟自己不一致时，就会站在自己的角度直接给对方提出建议，并希望对方按照自己的建议去执行。这种强硬的，直接给出建议的方式，不但不能引导员工深入思考，还局限了员工的思维。因此，教练式沟通认为，要想激发对方的思维，引导对方深入思考，发现问题的本质并解决问题，最好的方式就是提出审视式问题。

所谓的审视式问题，是指通过提问，可以让对方审视自己，分析自己的问题，并自主找到解决问题的方案。相比一般的问题，审视式问题的针对性比较强。一般情况下，当我们提出一个审视式问题时，对方会

自动被这个问题牵引，而进入自我反思和分析的状态，最终会找到解决问题的方案。在实际的沟通中，提出审视式问题，需要我们了解对方的需求点，并善于发现对方的问题，然后有针对性地提出让对方能够深刻反思的问题。

例如，某员工在工作中犯了错，管理者可以问："你觉得导致你犯错的原因是什么？"这个提问中的"你觉得"就是将问题抛给了员工自己，让员工将问题的核心转移到自己身上，进而主动找到导致问题产生的原因，然后分析原因，解决问题。在这个过程中，不需要管理者提供意见和想法，只是一个问题，员工就会自发思考并找寻答案。由此可见，沟通中提问的力量多么强大。

（4）将来式提问，让对方畅想未来

很多时候，人们之所以努力学习、工作，都是为了完成心中的梦想，顺利抵达自己憧憬的未来。所以，美好的未来对他们来说是一种支持他们前行的动力。同样，在人际沟通中，我们也可以采用将来式的问题，让对方敢于畅想未来，聚焦未来，给对方更多的信心和动力，进而促进沟通目的顺利达成。

所谓的将来式提问，就是向对方提出一些尚未发生的问题，让他们畅想未来。也就是说，这些问题的回答都存在对方的想象中。当我们提出问题后，对方需要发挥自己的想象力，聚焦未来会发生的事情，或者自己期待怎样的未来。例如，在工作中，领导会问员工："你希望做到什么样的岗位？"这就是聚焦未来的未来式提问，"未来"这个词会将员工带到一个令员工心生向往的情境中，进而会促进员工当下更加努力工作，激发员工的潜能，以成功抵达自己期待的未来。

以上是教练式沟通的四种提问方式，具体采取哪种方式，需要根据沟通的目的、沟通双方喜欢的方式等来确定。因为，不同的问题需要

采取不同的提问方式，这样才能有针对性地解决问题，达成最好的沟通效果。所以，这里就要求管理者要明确沟通目的，了解对方的需求和偏好，进而根据这些选择合适的提问方法，促进沟通目的达成。

第5章 及时回应，教练双方关系

在教练式沟通中，回应其实就像一面镜子，能够让对方看到自己。但是，在传统的人际沟通中，很少有人会意识到回应的重要性。在教练式沟通中，回应是为了让对方明确看到自己的盲点，认清自己当前的位置，明确知道自己哪些地方需要改进，哪些地方需要保持，进而有针对性地提升自己。所以说，回应能力的高低，很多时候能够决定沟通效果的好坏。因此，教练式沟通认为，促进有效沟通的前提是，要懂得回应。本章讲述了回应的作用、效果和技巧，通过学习，我们可以明确认识到回应在沟通中的作用，并且利用具体的回应技巧，让沟通更加深入。

1 教练式沟通中的回应

在传统的沟通模式中，人们比较注重自我表达，很少会在沟通过程中，积极对对方的问题给出回应。这种只注重表达自己的观点，而忽略对方问题的沟通方式，显然不利于沟通顺利进行。因此，教练式沟通强调，在沟通过程中，还要懂得及时回应对方。

何为回应？就是通过沟通，向对方反馈自己的想法和感受。这种回应没有对错之分，是反馈的一种形式。换句话说，就是向对方传递自己对某一问题的亲身体验。回应的主要目的是让对方通过自身的体验，看到自己的盲点，让他们明确自己当下的位置和自身存在的一些问题，进而找到办法，改正这些问题，提升自己。因此，要想顺利达成沟通目的，还需要掌握回应技巧。

（1）与对方建立良好关系，取得对方的信任

在沟通中，如果对方对你没有信任感，无论你如何表达自己的体验，对方都不会反思自己，发现自己的问题所在。所以，要想通过回应表达自己的体验，激发对方深入思考，就要在沟通的过程中与对方建立良好的关系，取得对方的信任。例如，管理者要想与员工建立良好关系，平时对待员工就需要保持平和的态度，并懂得尊重自己的员工，进而取得员工的信任。这样在以后的沟通中，管理者表达的体验才会对员工的自我反思起到一定的作用。

（2）把握正确的“焦点”，解决沟通障碍

很多人在沟通的过程中，为了表达自己的体验，更多地将焦点放在自己身上。但是我们忽略的是，沟通的焦点应该是对方，我们要做的是贡献自己的体验，让对方看到自己身上的问题，进而解决问题，促进沟通目的达成。如果我们过多关注自己，我们会极力证明自己是对的，对方是错的，这时候矛盾就产生了，必然会阻碍沟通顺利进行。因此，在沟通的过程中，如果发现沟通失败，我们就要反思是不是把“焦点”放在了自己身上而忽视了对方。如果是，那么我们应该通过回应立刻转移“焦点”，如“是什么事情让你感到不开心”“对于这件事情，你还有其他想法吗”等。

（3）保持平和心态，积极贡献体验

在传统人际沟通中，我们常会因为很小的问题，与对方产生冲突。这主要是因为我们始终坚定自己的立场，认为自己是对的，所以这种不平和的心态导致我们没有办法对对方的观点，作出有效的回应。因此，为了改变这种情况，达成有效回应，首先我们就要保持平和的心态，积极贡献自己的体验。例如，在回应的时候，保持愉快的心情，对于不同的观点也要耐心聆听，表示理解。

此外，在回应对方的时候，我们可以直接说出自己的想法，也可以通过比喻的方式表达自己的体验。这种回应的形式没有特定的要求，只需根据对方喜欢的方式选择合适的回应形式即可。

（4）保持真诚的沟通态度

在沟通过程中，对方是否能感受到你的真诚，也是回应是否成功的关键。如果我们表现得不真诚，对方肯定无法接受我们的回应，那么这

个时候，无论你的回应多么精彩，能够反映对方的缺点，对对方而言都是一种批判式的建议。

所以说，要让对方认识到自己的盲点，我们需要表达出自己的真诚，让对方感受到我们是想帮助对方，而不是针对对方。例如，沟通中保持亲和，语言要恳切。

（5）回应要及时、明确、平衡

回应要及时，是指在对方提出问题，或者对方的观点表达完之后，我们要及时向对方贡献自己的体验。否则，时间拖得越长，越会降低回应的有效性。例如，领导回应员工，会在下个月涨工资，那么下个月的工资就必须涨，否则管理者就失信了，回应也会失效。而“明确”是指我们需要明确向对方传递自己表达的内容，而不能含糊其辞，因为这样不仅不会给对方带来帮助，反而会误导对方。最后，“平衡”是指回应的时候，不能只围绕对方的缺点或负面特征，还需要结合实际情况进行综合回应。如果只是围绕对方的缺点，回应就成了批判，所以要综合批判，规避这种情况。

（6）懂得平复对方的负面反应

在沟通中，我们要明确知道，回应的目的是为帮助对方认识到自己的问题，并进行改正，然后解决问题。所以说，回应对方，并不等于沟通工作已经结束了。很可能在这个沟通过程中，对方并不认同我们表达的体验，并且很可能会产生直接的冲突。也就是说，我们还需要做好随时处理对方负面反应的准备。因此，在回应结束以后，我们还需要通过自己的觉察，关注对方的情绪和行为变化，以便及时采取更好的回应方式，来解决这种问题。例如，我们可以在表达完自己的体验后说“这仅是我个人的想法”“你可以根据自己的想法作出选择”。

应用以上这些技巧，可以帮助我们更了解对方的情绪变化，了解对方的需求和沟通中存在的障碍，进而作出有效的回应，促进沟通目的达成。此外，在回应的过程，我们要明确，回应是为了让对方看到自己的盲点，而不是批判对方。所以，要把关注点放在对方身上，并以真诚、平和的心态与对方建立良好的信任关系，进而让沟通顺利进行。

2 准确而及时地回应对方

在传统的人际沟通中， 很多人给对方的回应就是简单的“还可以”“我觉得不错”，这种含糊其辞的表达方式，不仅不会给对方帮助，让对方认识到自己的盲点，反而会误导对方。所以教练式沟通认为，在回应的过程中，我们不仅仅是要简单表达自己的想法，而是要准确及时表达自己的体验，让对方在第一时间，明确知道自己的盲点，进而有针对性改正自己的问题，提升自己。

（1）准确回应，让对方明确自身的盲点

每个人或多或少都有自己看不到的盲点，所以，要发现这些盲点，并解决问题，就需要通过对方的回应。但是，这里要求，回应的内容必须是具体明确的，让我们能够全面、深刻认识到自己的问题，否则，回应就是无效的。

某团队一名员工， 能力很强， 经常得到管理者的赞赏， 但是也经常让管理者头疼。问题是，该员工虽然能力强，但是工作态度不是很端

正。原本能够很好完成工作，但是因为喜欢偷懒，认为差不多就行的工作态度，导致好几次工作出现失误。

为了改正该员工的这种态度，管理者将他找来进行面谈。管理者问："你认为你最近在工作中的表现怎么样"？该员工思考了一下回答说："我拖延症比较严重，工作喜欢从上午拖到下午，下午拖到下班，实在完成不了就回家加班，结果导致工作效率低，也常犯不该犯的错误。"管理者接着说："其实你已经意识到了自己的问题。我一开始上班的时候，也跟你现在一样，上午我就在那儿玩手机，刷微博，朋友圈，把工作留到晚上回去加班。但是后来我发现，这不仅降低了我的工作效率，还占用了我跟家人、朋友聚会的时间，所以我改掉了这个坏毛病。你认为我说得对吗?"该员工笑着说："我现在也是这样的感受，我一定会改的。"

该团队的管理者并没有直接指责员工态度不端正，批评员工，而是向员工明确地表达自己的体验，如"不仅降低了工作效率，还占用了跟家人、朋友聚会的时间"。如果管理者只是简单说"拖延症会影响工作效率"，那么员工首先会认为领导者在指责自己，其次员工会对管理者的这种指责产生抵触心理，这样就不能认识到自己的盲点，更谈不上改正。所以说，在回应的时候，我们要做的是发现对方的盲点，并贡献自己的体验，让对方反思自己的问题，看到自己的盲点，然后找到解决问题的办法。

（2）及时回应，提升回应的有效性

回应跟承诺一样，具有时效性。例如，我们承诺对方一个月就能办成的一件事情，但是一年之后才做到。这时候承诺显然已经失去了作用，对方对你的信任已经彻底瓦解了，无论你一年后是否兑现了承诺，对对方而言都已经没有任何意义。回应也是如此，我们必须在沟通中，

及时作出回应，让对方认识到自己的问题，否则回应就失去了有效性。

在沟通中及时地回应，能让对方感受到你的真诚，愿意跟你继续沟通。此外，及时作出回应，还能让对方通过你的回应进入更深层次的思考，进而想出更好的方案，解决沟通中存在的问题。

某团队一名新员工，对工作流程不是很清楚，于是他向领导反映了这件事，领导当时正忙着处理手头上的事情，便随口答应说："好的，我回头会开培训会议。"但是一个月过去了，领导既没有开培训会议，也没有安排相关的人员向新员工讲解相关的工作流程。在这个月里，新员工每天都处于一种茫然的状态，不知道自己该做什么，怎么去做，做到什么程度。这些问题困扰了他一个月，最终他选择了离职。

该名管理者在回应的时候，既没有明确告知员工具体该怎么做，也没有及时回应员工，所以最后导致该员工离职。所以说，回应是有时效性的，拖延的时间越长，效果就越差。因此，我们必须在一定时间内作出回应，这样才能让对方立刻意识到自己存在的问题并改正。如果过了一段时间后作出回应，不仅回应无效，反而还会放大对方的盲点，导致问题更难解决，进而严重阻碍沟通顺利进行。

所以说，在实际沟通中，我们需要全面了解对方，知道他们存在哪些盲点和优势，然后通过表达自身的体验，准确而及时地向他们传递自己的想法和观点，让他们能够全面认识自己，并及时改正自己的盲点，提升自己，解决问题，促进沟通顺利进行。

3 影响关系的12种回应

无论是在职场中还是在生活中，我们大概要花60%以上的时间和精力，来处理和维护各种复杂的人际关系。而人际沟通，就是处理人际关系最常用的方式。但是，实际上很多人并不懂得如何沟通，不懂得如何对对方的谈话内容作出有效的回应。

在传统的人际沟通模式中，人们常在对方观点与自己不一致时，采取批评或者说教的方式回应对方，目的是让对方认同自己的观点。这种强迫别人认同自己观点的方式，必然会阻碍沟通顺利进行。所以，为了改变这种现象，教练式沟通认为，我们需要全面、深刻认识到影响关系的12种回应。

（1）批评

没有任何一个人喜欢被批评，但是批评又是沟通中，人们最常采用的方式。这种方式最常见的是，领导跟员工之间的沟通。例如，员工犯错了，很多领导的做法是指出员工的缺点，将员工批评一顿。这样的行为，在沟通中往往会带来负面的影响。因为当一方被批评后，双方之间的沟通就失去了“平衡”。这时候沟通就演变成了一场“批判会”，对另一方会造成一定的伤害，并会导致对方拒绝跟你继续沟通。所以说，在这种情境下，沟通的目的显然无法达成。

（2）标签化

在互联时代，我们都很容易被贴上标签，如“富二代”“凤凰男”“拜金女”“单身狗”等。很多人认为，这是新时代一种有趣的社交方式，并不会影响人们之间的关系。但是实际上，没有人愿意被标签化。因为这些标签，大都是主观、片面的，很容易让我们戴着有色眼镜去看待对方，这无疑会给双方的关系造成很大的影响。所以，在沟通的过程中，要避免给对方贴任何标签。

（3）评断

在传统的人际沟通模式中，人们最常用的回应方式就是评断，即当对方表达出自己的观点时，无论是否与自己观点一致，都会对对方评断一番。但是这种主观的评断，不但不能引导对方思考，找到解决问题的办法，反而会打击对方的自信心，阻碍沟通顺利进行。

（4）带有评论的赞美

赞美，是发自内心的对于自身所支持的事物表示肯定的一种表达，它能增进沟通双方之间的感情。无论是在工作中还是在生活中，我们都希望得到身边人的赞美，这种赞美对我们而言是一种动力。但是，很多人并不懂得如何赞美，或者常使用带有评论的赞美。例如，管理者赞美一名表现优秀的员工时说：“你处理事情的方案还是太死板，但是这次表现得很优秀。”这句话听上去是在赞美，但是给员工的感受是领导拐着弯批评他，会让他产生抵触心理，不愿意继续沟通。

（5）命令

命令，是由上级向下级发布的权威性的指示，并要求下级严格按照指示执行。这种沟通方式最常见的也是在领导和下属的沟通中。现在

很多领导者采取的就是命令式的管理方式。但是对于新生代员工而言，他们崇尚自由，不喜欢过于严肃的管理方式。同样，在实际的沟通中，也没有任何人喜欢被对方命令。命令本身就让双方处在不同高度的位置上，显然无法让沟通顺利进行。

（6）威胁

威胁，是指用武力、权势胁迫，让对方屈服。这也是在传统的沟通中，人们为了让对方认同自己观点最常用的方式。例如，管理者为了让员工努力工作，对员工说："你这个工作要是做不好，周末就来加班。"这就是一种威胁，以周末加班来威胁员工，让员工把工作做好。这种方式看上去像是在激励员工，实际上是一种胁迫，会让员工感觉不安，导致沟通目的无法达成。

（7）说教

说教，是指站在自己的角度，跟对方讲道理，让对方认同自己的观点。例如，当员工抱怨工作累，薪酬低的时候，很多管理者就会采取说教的方式，如"年轻的时候不要总抱怨工作累，工资低，这些对你们来说其实是一种历练，只要努力，未来你想要的都能得到"。管理者说的这番话，其实只能感动自己，并不能感动员工。因为这种说教的方式很像"站着说话不腰疼"，容易让员工反感，进而导致沟通终止。

（8）不适当的问句

教练式沟通认为，提问具有强大的力量，能够引导对方思考，并找到解决问题的答案。但是回应的过程中，不是任何问题都能问。有时候不适当的询问，会取得适得其反的效果。例如，管理者想问员工为什么迟到，但是管理者为了不让员工难堪，便说："你昨晚是去酒吧了吗？"

这种间接的询问，就显得很不适当，一是会让对方难以猜到你的意图；二是触犯了对方的隐私。最终无疑会导致沟通失败。

（9）建议

在对方遇到问题的时候，我们最习惯做的就是站在自己的角度给出建议。但是很多时候我们会发现，我们认为最好的建议，并不能帮助对方解决问题。所以，教练式沟通认为，最好的回应方式，是通过提问引导对方自主思考，自主找到解决问题的答案，而不是直接给出建议。

（10）转移话题

在传统的人际沟通中，当我们遇到自己不感兴趣或者不想回答的问题时，我们就会通过转移话题的方式回避问题。例如，员工问管理者："领导什么时候涨工资？"管理者回答说："你这几个月确实表现得不错。"管理者这种回应的方式就是在转移话题。这种转移话题的方式，不仅表现出对对方的不尊重，还会导致根本问题最终无法得到解决，沟通必然失败。

（11）将问题合理化

在沟通中，沟通的双方之间或多或少会存在一些问题和阻碍，而很多人在面对这些问题时，他们所采取的办法就是找各种理由，让一切问题都显得合理。例如，管理者跟一名经常迟到的员工就迟到的问题进行沟通时，管理者回应说："我是领导，我能迟到，但是你们不能，我们所处的位置不一样。"该名管理者就是利用自己管理者的身份将问题合理化。也许员工表面上不会表现出不满意，但是内心一定极度不平衡。

（12）安慰

安慰，是安顿抚慰对方，让对方能够保持愉快心情。例如，我们心情不好的时候需要朋友的安慰，考试失利的时候需要同学的安慰。所以说，适度的安慰能够让对方心情舒畅。但是如果过度安慰，就会让对方失去信心。例如，管理者安慰一名工作一年，业绩和能力都没有明显提升的员工说："没关系，你已经做得很好了，人要知足，不要追求太高。"这种安慰并不会让对方开心，反而会让对方更加难过，最终导致沟通失败。

以上12种都是影响回应的方式。所以，为了让回应有效，我们需要全面、深刻认识这些问题，进而在回应的过程中规避这些问题。

4 简要、清楚地重述对方的话

在传统的人际沟通模式中，人们侧重的是自己所表达的内容，很少会聆听对方的谈话，即便听，大多数人也只是假装在听，他们不知道对方谈论的是什么，所以导致最后给出对方的回应基本上是无效的。因此，教练式沟通认为，在实际的沟通过程中，我们不仅要学会聆听对方的谈话内容，还需要简单、清楚地重述对方的话。这实际上就是回应的一种形式，是为了确保自己所说的是对方所讲的。也就是说，我们需要通过这种回应，来确保信息的有效性，进而确保沟通有效进行。

重述对方的话，并不是在对方说话一句后，我们就立即跟对方确认。这样做只会干扰对方的思维，导致沟通无法顺利进行。所以，这里需要我们注意的是，在回应的过程中，我们需要明确我们沟通的目的，然后在聆听的过程中，要学会抓住与沟通目的相关的关键点，并记住这些关键点。最后要对员工所表述的观点和想法进行总结和分析，再简要、清楚地重述这些话，跟对方确认，我们所理解的是否是对方所想的，进而确保信息的有效性。那么，在实际的沟通过程中，我们需要如何简要、清楚地重述对方的话呢？

（1）认真聆听，抓住关键信息

要想在回应的时候，简要、清楚地重述对方的话，前提是你要清楚地知道对方表达的具体内容。所以，在回应之前，我们需要认真、仔细聆听对方的谈话内容，抓住其中的关键信息，然后将这些信息记录下来。为了方便记录，建议在沟通的过程中，准备一个笔记本。切记笔记本是用来记录关键信息，而不是从头到尾记录对方的话。这样不仅会干扰对方，给对方不尊重的感觉，也会降低自己聆听的效率。

某工厂有一名工作了三年的老员工，经过几番考虑后，决定辞职离开公司。带了他三年的主管很想挽留他，因为他做事认真，效率高。所以，主管将他找来面谈。主管问："是什么让你作这种决定呢？"员工回答说："我在公司干这么多年也不是没有感情，但是这三年来，我工资是涨了，但是现在孩子长大了，要上高中了，目前的工资已经让我感觉到很大的经济压力。"领导接着说："你的意思是目前的薪资让你经济压力大，想要换份工资高的工作是吗？"员工点了点头。主管笑着说："如果是这个问题，那很好解决，公司这些年在你们的努力下发展得很好，上级领导正在商量给我们涨薪酬的事情。"

该名主管在跟员工的沟通中，抓住了员工说的"经济压力"这个关键点，然后就这个关键点展开更深入的提问。这其实就是员工要表达的想法，只要解决了这个关键问题，沟通目的就达成了。所以说，在聆听的过程中，一定要学会从对方表达的内容中捕捉关键信息，然后向对方重述确认，最终促进沟通目的达成。

（2）总结对方观点，简明扼要概括

重述对方的话，并不是要将对方表达的内容一字不落重述一遍。首先我们并没有那么好的记忆力；其次，如果将对方的话完整重述一遍，不仅浪费时间，还会让对方厌烦。所以，重述一定是要听清对方表达的内容，然后自己要对这些内容进行分析、总结，最后用自己的话简明扼要概括，重述给对方听。例如，上述案例中，管理者并没有将员工的话从头到尾重述，只是提出了关键点，并加入自己的理解。这样既能够节省时间，也能直接切中对方的需求，让对方愿意敞开心扉继续与你沟通，最终解决问题，达成目的。

（3）找准合适的时机

我们都知道，在沟通中，打断别人的谈话是不礼貌的行为，而且也不利于沟通顺利进行。但是，真正懂得“打断”对方谈话的人，才是沟通中的艺术家。因为，在沟通的过程中，为了确保我们听到和理解的信息，是对方所讲的，我们需要学会打断对方的谈话，并重述对方的话。所以，这就要求我们要懂得把握好时机，否则就容易造成适得其反的效果，让对方认为我们不懂得尊重他们，而不愿意继续跟我们沟通。

因此，在实际的沟通中，我们需要觉察对方的行为和情绪变化，觉察出最好的“插话”的时机。例如，当对方表达完一个观点，自己开始总结时，说明对方已经把自己对这方面的想法都讲完了，那么这时候我们就可以找准这个时机，简要、清楚地重述对方的话。

简单、清楚地重述对方的话，其实是教练式沟通的一种很重要的技巧。首先，我们的重述能让对方知道我们在认真聆听他的表达；其次，还能让我们掌握对方表达的观点，不会造成沟通结束后不知对方所云的尴尬局面。所以说，在回应对方的时候，要懂得聆听，抓住关键信息，找准合适的时机重述对方的话，以确保信息的有效性，进而促进沟通目的达成。

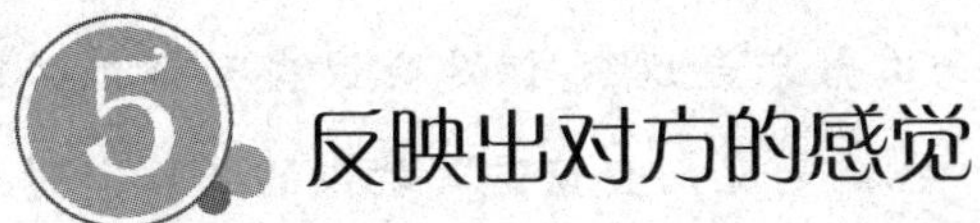

5. 反映出对方的感觉

沟通是为了表达对某件事情的个人感觉，而不是质疑对方。所以，我们在平时的沟通中，最希望的就是，当我们表达完自己对某件事的感觉后或者自己的某个观点后，能得到对方的理解。但是，在传统的人际沟通中，很少有人会对对方产生理解的感觉。而一旦我们的感觉，没办法让对方理解，我们就会对自己的表达失去信心，进而会导致沟通失败。

所以，教练式沟通认为，在沟通的过程中，我们不仅要注重自己对某件事物的感觉，更要注重对方的感觉，并要对此作出回应，让对方知道我们即便不能感同身受，也能给予理解。这种做法会给对方更多的自信，让对方表达更多的内容。而对我们而言，从对方表达的内容中，获取的信息越多，越能促进沟通目的达成。所以，在沟通过程中，我们需要懂得如何反映出对方的感觉。

（1）客观地陈述对方的感觉

所谓的感觉，百度百科里给出的定义是：感觉是大脑对直接作用于感觉器官的客观事物的个别属性的反映。简单来说，其实就是对某件事或某个人的一个初识过程，是一种简单的心理现象。例如，“作为一个经验丰富的老司机，我感觉他的车技不好。”这就是通过自己主观的判断，对客观的事物的一种感觉。

一般情况下，我们的感觉都比较主观，而且会带着比较严重的个人感情色彩。但是，如果过于主观的话，会影响我们的决策，导致沟通失败。所以，在沟通的过程中，我们需要客观地陈述对方的感觉，而不是批判对方。

某公司每个月都要召开一次月末会议，但是会议当天员工必须按照之前的计划按时完成任务。也就是说，会议这天耽误的工作，员工需要自己花时间补上。员工对这一点感到很不满意，但是没有人愿意说出来。久而久之，员工都感觉到每到月底就焦虑，而且特别厌恶开会，觉得浪费了大家的时间，耽误了进度。有一次，月末会议定在下午，开会的时候大家都特别不高兴。经理问："大家是都没睡醒还是怎么了，我感觉怎么一个个情绪都不高。"还是没有人愿意将自己的想法表达出来。后来一名员工在月末工作总结的时候说："每个月月末压力特别大，因为要腾出会议的时间，要不就是加班很晚，要不就是要牺牲自己的周末时间。"这时候大家纷纷点头赞同。经理回应说："嗯，我能懂你们这种感觉，确实，每个月月末开会耽误的时间不应该让你们自己来承担，所以，以后每个月你们的计划完成日期可以延后一天。"

该名经理在最后的回应中，就是客观陈述了员工的感觉，而不是站在自己的立场上责怪员工。所以说，在沟通中，我们要觉察对方对某件事情的感觉，并要及时反映出对方的感觉，并通过提问的方式，引导对方表达自己真实的想法。只有对方表达出想法和观点后，我们才有可能找到解决问题的方案。否则，我们不但不能解决问题，甚至连问题是什么都不知道，这时候沟通必然会失败。

（2）反映对方感觉时，立足对方的感受

在沟通中，我们经常会遇到一些阻碍，导致沟通不畅。这就好像沟通中的两个人完全不在一个频道上，各说各的，互不回应。即便回应也只是表达自己的感觉，很少会在乎对方的感受并反映对方的感觉。

例如，上述案例中，经理在反映员工的感觉时，就立足于对方的感受。如果经理不立足于员工感受，而是说“你们的这种感觉我知道，但是你们工作是为了自己，不是为了我，不要事事都这么计较，”那么即便经理这句话是对员工的感觉作出了回应，但是因为没有立足于员工的感受，会让员工产生抵触心理，进而不愿意与领导继续沟通。而在以后的工作中，这种不良的心理状态，必然会严重影响员工工作效率，沟通目的也必然无法达成。

综上，教练式沟通认为，我们在沟通的过程中，要时刻留意别人对某件事或者某个人的感觉，这种感觉的传递其实就是对方的观点和想法，只是这种感觉比较隐蔽，需要我们认真觉察，并通过及时、准确的回应反映给对方。这样做既能让自己更全面了解对方，获取更多的信息，也能引导对方深入思考，将这种不确定的主观感觉转变成确定的有效信息，进而促进沟通目的达成。

反映出事件和对方的情绪

沟通是带有一定目的的。在沟通的过程中，无论是聆听、提问还是作出反应，这些沟通技巧都是为了让沟通目的顺利达成。而要达成沟

通目的，就必须反映出对方所表达的事件，并要学会洞察对方的情绪变化，以便采取合适的沟通方式，促进沟通目的达成。

在沟通过程中，沟通的事件和对方的情绪并不是独立存在的，它们之间存在某种必然的联系。但是人的情绪变化或行为的改变，并不是由某一事件直接引起的，而是由经受这一事件的个体对它的认知和评价所引起的。也就是说，个体对事件的不同认知和评价，决定了不同的情绪。例如，你看到一个朋友精神不振，闷闷不乐，你去问他发生什么事情让他这么不开心。通常朋友会回答，遇到一件困难的事情。你可能认为困难的事情让他闷闷不乐这种解释是很合理的，但是仔细想想其实跟事件没关系，情绪的变化是个人认知问题。

例如，两个花匠去卖花盆，在路上不小心打碎了两个，其中一个说："糟糕了，打破了两个，今天真是太倒霉了。"另一个很开心地说："真是幸运啊，只是打碎了两个。"这其实就是同一个事件，而出于个体不同的认知，呈现出来的是完全不同的情绪。所以说，沟通中，在回应对方的时候，为了确保沟通有效，沟通目的能顺利达成，我们要客观、积极反映事件和对方的情绪，避免片面认知，导致沟通失败。

（1）客观、积极反映事件

人的心理是在与客观现实接触过程中才产生的。也就是说，离开了客观现实，人的心理就会失去真实性。所以，在沟通过程中，回应对方的时候，我们一定要客观、积极地反映事件。但是，在传统的人际沟通模式中，人们不仅侧重于主观表达，给对方回应的时候，同样也比较主观，而且很多时候，会因为对方观点与自己的观点不一致而扭曲事实，最终导致对方拒绝沟通，沟通目的必然无法达成。

某旅行社的计调部经理让一名员工核对一条旅游线路的报价。而这时候正好是午休时间，为了尽快给经理回复，员工没有着急去吃饭，而是先把价格核算好发给了经理。到下午三点的时候，经理突然在办公室大喊道：“××，我让你给我发的价格呢？”员工很无奈地说：“我中午12:20就给你发过了。”经理还是继续很大声地说：“没有收到。”这时候员工已经沉不住气了，也提高了嗓门说：“你自己看聊天记录。”经理看到聊天记录，的确在中午12:20就收到了，但是经理并没有就此回应自己错了，而是说：“你发完不会提醒我吗？你这个价格只核算一个方案吗？我要两个方案！”员工这时候已经不想说话，因为无论怎么解释，经理都是对的。

该旅行社的经理在得知自己错怪了员工后，给出的回应不是客观反映事件，并向员工道歉，而是强词夺理，歪曲事情的真相，还变相责怪员工，最后让员工不想说话，沟通也终止了。所以，教练式管理者强调，为了促进沟通目的达成，我们不能只在乎自己的主观感受，我们应该站在客观的角度，积极反映事件。这样不仅会避免不必要的冲突，还能营造一种和谐的沟通氛围，让沟通顺利进行。

（2）反映对方情绪并表示理解

当我们的情绪发生变化时，首先是为了表达情绪，其次我们也希望通过情绪的表达引起对方的注意，希望对方有类似的感受，并能理解这种情绪。所以，在回应的过程中，我们要注意观察对方表情、行为的变化，一旦觉察到对方的情绪问题，我们就要站在客观的角度，反映情绪，并表示理解。只有这样，对方才能感觉到自己被重视，才有信心继续表达自己的想法。

例如，上述案例中，当员工开始提高声音回答“你自己看聊天记录”的时候，经理就应该意识到，员工大声并用很生硬的语气回答，说明员工很气愤。所以，这时候经理要做的就是客观反映这件事情，承认自己错怪了员工，并且要向员工表明，如果自己被误解，也会很生气。这样员工就有可能选择原谅经理，并继续跟经理沟通，否则沟通无法进行。

在反映对方情绪的时候，我们首先要接受对方的情绪，即要觉察到对方情绪的变化，然后接收这种信号，如我们可以说："我觉得你有点不开心，方便聊聊吗?"这时候切记，一定不能否认对方的情绪，如"你还闹脾气"，这样只会激怒对方，立刻终止跟你的沟通。在接收对方的情绪后，我们还要懂得分享情绪，即首先分享自己对于这种情绪的感受，然后再客观分享事情本身。例如，我们可以说："原来是你受委屈了，我要是你，也会这样。"当我们将对方的情绪全面反映出来的时候，对方会更愿意跟你沟通，沟通目的自然很容易达成。

所以说，在回应的过程中，我们一定要客观、积极地反映事件，要懂得觉察对方情绪并对这种情绪表示理解。只有这样，我们才能让对方愿意跟我们继续沟通，进而获得更多的信息，促进沟通目的达成。

第6章 职场沟通：如何处理好职场关系

有句话说：职场如战场。以前的战场需要靠智慧和武力取胜，现在的职场靠的是智慧。而懂得职场沟通是一个人智慧最好的体现。所以说，真正的职场达人并不是专业技术优越的人，而是懂得职场沟通，知道如何处理好职场关系的人。在职场中，职场关系大致分为两类：领导和员工之间的关系，员工和员工之间的关系。也就是说，在职场中，我们一定要学会处理好这两种关系。本章结合实际案例，详细地阐述了如何跟领导和同事沟通。利用这些技巧，我们可以更好地处理好职场关系，成为新时代的职场达人。

1 怎样正确向领导汇报工作

在我们的生命中，大部分的时间都花在了工作上、职场中。所以说，职场沟通能力对我们来说是必不可少的技能。但是，现在很多人，尤其是新生代员工，他们因为对职场的认知不够全面，导致他们在职场中不知道如何与他人沟通，更不知道如何向领导汇报工作。而在如今竞争激烈的职场中，不会沟通的人，不懂得如何向领导汇报工作的人，不仅会失去很多机会，也很难与别人之间建立友好的关系，让自己的工作能力得到更好的提升。

所以，教练式沟通认为，要想在职场中取得自己想要的成就，我们就必须具备沟通这种技能。因为积极的沟通，是一个人对自己的知识、行为能力和表达能力，体现的最好形式。除此之外，积极的沟通能营造一个良好的人脉关系，能为自己的职业生涯带来很多好处。所以说，我们要懂得职场沟通，处理好职场关系。而处理好职场关系的第一步，就是我们要懂得正确地向领导汇报工作。

(1) 电梯法则：简明扼要陈述自己的工作

在传统的职场沟通中，很少有人会在意如何正确地向领导汇报工作。他们认为，将工作大概情况都说一下，领导能明白就行。但是，我们要知道的是，领导日理万机，并没有时间从你凌乱的工作汇报中，总结出关键要点。领导需要的是简明扼要的汇报，而不需要经过他自己的思考和总结才知道你想说什么。如果是这样，你的汇报将没有任何意义。

某团队每个月都会召开月末会议，在会议上每名员工都要对自己上个月的工作情况进行汇报。其中一名刚入职一个多月的员工在汇报工作时说："领导，你给我安排的两个项目，我完成了一个半。有一个遇到问题了，没有做完。还有一个虽然完成了，但是我不确定可不可以。剩下的那个没有完成的，我抓紧时间赶进度。"领导听完一头雾水地问员工："所以完成了多少？"员工说："只完成了一个。还有一个完成了一半。"领导接着说："你这一会儿一个一会儿半个的，我都被你搞晕了。你们要是都这么汇报工作，那么今天一天你们十来个人汇报工作估计时间都不够。你就需要告诉我完成了多少，剩下多少，还需要多少时间就行了。"

该员工在汇报工作的时候，没有任何逻辑顺序，自己想到哪儿说到哪儿，这样不仅会让领导一头雾水，很多时候他自己汇报了哪些内容他都未必记得。这样的工作汇报，既浪费大家的时间，也降低了汇报工作的效率。所以，教练式沟通认为，在汇报工作的时候，一定要注意时间问题。也就是说，如果一句话能表达完的事情，一定不能用两句话。关于这一观点，全球著名的管理咨询公司麦肯锡，曾提出过著名的"30秒电梯法则"。所谓的"30秒电梯法则"，是指用极具吸引力的方式简明扼要地概述自己的观点。例如，你在电梯里要向一个重要的客户推广自己的产品，而且必须成功。关于这一点，麦肯锡还有一个相关的故事。

麦肯锡公司曾经为一个大的公司做咨询，咨询结束后，麦肯锡的项目负责人刚好在电梯里遇到了这家公司的董事长。董事长询问麦肯锡公司的项目负责人："能否跟我说一下结果？"该项目负责人没有任何准备，即便有准备也无法在30层到1层的30秒内把结果说清楚。最终，这名负责人被麦肯锡解雇了。

这就是如今商界流行的“30秒电梯原则”。从这件事情以后，麦肯锡要求自己的员工必须在30秒内把结果表达清楚。在向领导汇报工作的时候，我们也应该做到这样。这样做不仅能锻炼自己的逻辑能力和表达能力，还能节省时间，提高沟通效率。

(2)提炼关键词：简明叙述自己的工作情况

这里的简，是指叙述要简单，去掉一些表达自己想法的词语，直奔主题，说明结果。例如，上述案例中，该员工只需要说“本月有两项工作，只完成了一项”。这样领导就能明白你的工作进度和具体的工作成果。这句话的关键词就是“两项”“一项”，只要抓住关键词，一句话就能汇报该员工一个月的情况。但是该员工为了更全面汇报自己的工作，一共用了三句话。关键是三句话表达完后，领导不但没有明确他的工作汇报，反而一头雾水，不知道他完成了多少，还剩多少。所以，教练式沟通认为，在沟通中，很多时候“极简才是奢华”。尤其是向日理万机的领导汇报工作的时候，提炼关键词，简明叙述才是领导想要的。

(3)建立逻辑：让表达的内容更清晰

从小学学习写作的时候我们就知道，要想清楚地表达一件事情，就必须在事物之间建立一定的逻辑关系。同样，在向领导汇报工作的时候，我们也需要构建逻辑，让事物与事物之间有一定的逻辑顺序。这样表达的内容会更加清晰，很容易让对方明白。

例如，上述案例中，新员工在汇报工作的时候说：“领导，你给我安排的两个项目，我完成了一个半。有一个遇到问题了，没有做完。还有一个虽然完成了，但是我不确定可以不可以。剩下的那个没有完成的，我抓紧时间赶进度。”这段话很难让人理解，就是因为没有遵循一定的逻辑顺序。麦肯锡的金字塔原理中提到，构建金字塔需要自上而下表达。因此，运用金字塔原理，该员工可以说：“这个月一共有两项任务，我完成了一项。剩下的完成了一半，还需两天时间。”这样领导就能很清楚地了解，该员工上个月大概的工作情况。

在向领导汇报工作的时候，掌握汇报工作的技能是一件必要的事情，因为这不仅决定了汇报的效率，也决定了你个人的工作能力。因此，我们需要遵循以上三点，让自己在以后的汇报工作中，能够得心应手，在最短的时间内，给领导一个满意的结果。

2 如何向领导做个人工作总结

传统的工作总结中，大家都会犯的一个通病就是，写出自己当月的工作安排和完成情况，然后顺便说了下自己存在的问题，并保证自己会改正。这样像学生时期的犯错检讨似的总结，对于提升工作其实并没有任何帮助。

简单来说，在传统的沟通中，员工的工作总结，就是工作检讨。但是实际上，工作总结并不仅仅是让你总结自己的错误，分析自己犯错的原因，更重要的是分享自己的成就和相关的工作经验，并提出改进建议。所以，教练式沟通认为，真正的工作总结是一个自我总结、分析和改善工作最好的工具。因此，在向领导做个人工作总结的时候，我们也需要掌握一定的技巧。

（1）善于归纳，对工作进行数据化的总结

现如今是数据化的年代，数据也是最精准的表达方式。同样，对于领导而言，也希望员工在工作总结中，通过具体的数据，让管理者在很短时间内，能清楚地了解员工当月的工作情况。所以，教练式的沟通要求，在对工作进行总结时，要善于归纳，并对工作进行数据化的总结。简单来说，就是在总结中要学会用数据说话。

例如，当月需要完成多少任务，实际完成了多少任务，与目标之间存在多少差异；实际工作中遇到了多少问题，解决了多少问题，还剩多少问题没有解决；在工作中，哪些问题需要得到进一步完善；等等。这些问题，都需要以数据化的形式呈现出来。统计数据的过程，其实就是归纳总结的过程，不仅会让你重新认识自己的问题，还能促进个人的总结能力的提升。

（2）表达个人对工作的感悟和认识

除了在总结中要归纳当月的工作情况，还需要表达个人对工作的感悟和认识。也就是说，要从当月的工作中，分析自己存在的不足和欠缺的地方，总结经验和教训，以提升自己的工作能力。

例如，某员工当月经常迟到，导致没有按时完成任务。那么在工作总结里可以这么写：这个月工作没有按时完成，主要是因为这个月上班经常迟到，还有就是自己有很严重的拖延症。所以下个月，为了避免这种情况出现，导致自己工作效率下降，我要调整自己的生物钟，早点睡，早上多定几个闹钟叫醒自己，然后上班的时候也要控制自己玩手机的频率，全身心投入到工作中。

（3）分享自己的成就及成功经验

在工作总结中，如果只是一味地总结自己的错误，并分析原因，那么工作总结也就变成了每个月的检讨。检讨能够让人认识到自己的错误，但是如果长期陷入只能看到自己的缺点和不足中，我们就会对自己的能力产生怀疑，并逐渐对工作失去信心。所以说，工作总结，不仅是要总结自己的错误，还需要分享自己的成就以及取得成功的经验。这对于领导者来说，你提供的是改进工作效率的办法，对于个人而言，你分享成就对自己是一种鼓励和动力，会促使自己更加努力工作。

例如，我们在该月中取得了绩效第一的成绩，那么在工作总结中，我们可以这么写：这个月我取得了比较好的业绩，我为此感到很开心。我之所以能取得这么好业绩，并不只是因为我个人的付出，更多的是领导和同事给予的及时帮助。我的经验是，在工作中遇到自己不能解决的困难，不要一个人钻牛角尖，我们需要主动积极跟领导或者同事沟通。这样的话，更容易帮助自己跳出思维的怪圈，更快地解决问题，完成工作。

（4）给公司提供改进意见

在月末总结中，领导想看到的除了员工个人总结不足之处、成就和相关经验，还想看到员工能给公司提供更好的改进意见。但是，在传统的工作总结中，很少有人会想到这一点，即便平时认为公司的规章制度存在问题，影响了自己的工作效率，也认为不想多事，而不选择表达出来。但是长期下来，如果积压太久，就会导致员工采用极端的做法——离职来解决自己认为公司存在的问题。

所以教练式沟通认为，在个人的工作总结中，我们需要及时将自己认为公司存在的一些问题提出来。不要担心自己提出的问题是否对，这个领导肯定会有自己的判断。但是要切记，我们提出问题的宗旨是让自己更好地为公司创造效益，不能只考虑个人的喜好。例如，我们要求公司必须有明确的薪酬制度。这种建议既是确保自己的基本利益，也是为了让自己能更安心在公司工作，进而为公司创造更大的效益。

工作中，良好的总结习惯能让一个人变得更加成熟。因为，每一次工作总结都是一次认识自己的机会。在这个过程中，我们能看到自己的缺点，也能看到自己的成长。除此之外，通过写总结也能提升我们的逻辑思维能力和表达能力，而这些能力在工作中都会给予我们极大的帮助，能够有效提高工作效率。所以说，作为职场中的人，要想“玩转”职场，就必须懂得如何向领导做好工作总结。

3 怎样向领导请示工作

在职场中，我们除了要向领导汇报工作，日常很多工作还需要请示领导，得到领导的许可我们才能去执行。这一环节其实就是一个把关工作，能避免在执行工作任务的过程中犯一些不必要的错误。所以说，在职场中，懂得如何向领导请示工作和向领导汇报工作是同等重要的，是作为职场人士不可忽视的一个环节。

在职场中，学会向领导请示工作，能够让领导明确知道你这一个月，一个季度，一年中，需要完成的主要任务。除此之外，通过请示，你也能明确地知道，自己需要完成哪些任务，并且得到批示后，自己也有了正确的方向。也就是说，这一环节，能够确保双方更有效、更及时的配合。这不仅能提高工作效率，还能加强双方之间的协作能力。那么，在职场中，怎样向领导请示工作呢？

（1）做好请示之前的准备

在传统的职场沟通模式中，很多人并不懂得要提前向领导请示工作。他们认为，自己做好分内事就行，做不好就等领导来收“烂摊子”。但是，在实际的管理工作中，领导的职责不仅仅是在大家犯错的时候为大家收拾“烂摊子”，而是带领大家高效完成工作，为企业创造更大的效益。所以，如果能提前避免的错误，一定要提前解决，而不是把问题留到最后处理。否则既影响工作效率，也损害公司的利益。

所以，在请示工作前，要求员工必须做好请示前的准备工作。首先，我们要将自己要请示的工作相关材料准备齐全，避免在请示的过程中不断返回办公室拿取资料。这样既耽误时间，也耽误请示工作的效率；其次，要在请示之前，在大脑中将自己要请示的重点内容过一遍，避免请示的时候出现语无伦次的情况，导致请示失败；最后，最好将自己请示的工作，像写作文一样列一个提纲。这样就能够厘清自己的思绪，构建自己的逻辑顺序，在请示的时候就会更加顺畅。此外，请示工作之前，我们还要预想到领导可能就请示工作提出的一些问题，并针对这些问题提前做采取应对措施，避免因为回答不出问题过于紧张，导致请示失败。

（2）约定请示时间

身为领导，每天都有很多事情要忙，所以，请示工作并不是我们有空就请示，而是要看领导的时间安排。因此，在请示工作之前，我们需要提前约定时间，而不是随便找个时间请示。这样既不尊重领导，也会因为跟领导的其他工作时间发生冲突，影响领导的心情，进而导致请示失败。

周五下午，公司新来的员工准备跟领导请示下周的工作安排。周一到周四领导一直在外出差，周五上午刚好回来了。员工心想，下午请示刚好，领导刚好回来了，而且这样也不耽误自己下周的工作安排。于是午休时间刚结束，员工就敲门走进领导的办公室。领导很疲倦地问："什么事？我这刚回来，你就着急找我。"员工笑着说："是这样的，我要请示一下下周的工作安排。"本以为领导会夸奖自己工作积极，没想到领导皱了皱眉说："请示工作是好事，但是劳烦您让我喘口气，下周一再说吧。"

该员工没有预约时间，而且在领导出差回来很疲惫的情况下，向领导请示工作。这样做无疑会让领导不满，请示工作也因此无法顺利进行。所以，在请示工作之前我们需要做的是，要事先了解领导最近的工作安排，避免跟领导的其他工作时间发生冲突。此外，不要在领导心情不好或者很疲惫的状态下请示工作，否则或多或少都会影响请示工作的效率。例如，我们可以提前一个星期跟上司约定时间，或者事先跟领导的助理打招呼，这样无论领导是不是在忙，或者是不是心情不好，至少都有一个缓冲的时间。总之，一定要根据领导的工作安排预约时间。

（3）准确、清晰地请示工作

请示工作跟汇报工作一样，需要简明、扼要向领导说明你请示的具体工作内容。所以，在向领导请示工作的时候，首先需要简单介绍自己的想法和思路，听取领导的意见和想法，然后针对领导提出的问题，作详细的回答。在这个过程中，不管领导对自己请示的工作是否批准，我们都需要怀有诚恳的态度，就事论事地沟通问题，而不是用激烈的语言，来坚定自己的观点。当然，也不能"唯命是从"。也就是说，双方需要互相发表自己的意见和看法，并就此展开深入的沟通，直到最后解决问题，双方达成一致的观点。

如果请示工作得到领导的批示，那么我们应该感谢领导的支持和认可，并承诺领导一定会全力以赴来完成工作任务。如果自己的请示被领导否定，我们也要用谦和的语气，向对方阐述自己的理由，引导对方深入思考，争取让领导认同自己的观点。如果领导对于自己的请示，很难在第一时间给出明确的答案，那我们不能催促领导，而是应给领导时间考虑。这样作出的决策才是最公平、有效的。

除此之外，在请示工作的过程中也需要注意时间。虽然说请示之前我们预约好了时间，但是并不是说这些时间可以随意浪费。每个人的时间都是宝贵的，尤其对团队的管理者而言。所以，请示的时候要注意时间，尽量在较少的时间内将自己请示的内容陈述完，以免耽误领导的其他工作安排。如果自己对某一问题还要进一步了解，我们需要征询领导是否有时间，如果对方同意，我们可以继续沟通，如果对方时间不允许，那么可以约定下一次沟通的时间。在整个请示工作结束后，我们需要明确跟领导说“今天请示的就是这些工作内容”。在双方确保没有任何疑虑的时候，请示工作结束，我们还需要对领导说“耽误您时间了”“麻烦领导了”。最后再将自己手上或者递给领导的资料整理好带走，不要留给领导去整理。

综上，我们可以明确地了解到，请示工作并不是自己有问题就直接去问领导，而是应该做好准备工作和请示中的一些细节工作。大体来说，就是请示前的准备工作，约定请示时间，最后就是请示中的具体工作。我们必须把控好这三个环节，才能让请示工作更顺利。

4 怎样向领导提出加薪

薪酬可以说是保障我们生存最基本的需求，也是公司首先应该满足员工的基本需求。一开始进入公司，一般员工的薪酬都是一样的，但是随着工龄的增加和工作能力的提高，薪酬会逐步提升。然而对于提升工资这件事，很多公司并没有明确的制度，很多时候需要员工主动提出。

但是薪酬不管是对员工还是对领导来说，似乎都是一件比较敏感的事情，导致大家都不敢随意提，尤其是加薪这件事，很多员工对于加薪这件事不敢向领导开口，一来觉得如果开口去提，被领导拒绝会很尴尬；二来大家能力都差不多，别人不去提，自己更不好意思。所以，导致很对人在想要加薪但是又不敢向领导提出请求的时候，会采取离职的方式来解决。他们认为，离职的时候，领导一定会问自己什么理由，到时候就说工资低，领导肯定会给自己涨工资。但是，显然这种方式是不可取的，不仅会让自己对工作失去信心，也让领导对你失去信心。所以，对于加薪这件事，我们也需要掌握一定的技巧。

（1）把握好时机

古人做事讲究天时、地利、人和，其实在职场的沟通中也是如此，尤其是在面对加薪这种比较敏感的话题时，一定要审时度势，把握好时机，否则就会让双方陷入尴尬两难的境地，最后导致沟通失败，加薪无望。

在传统的沟通模式中，很多人认为，加薪就直接说，管他什么时候呢，领导要是想给你加，怎么样都会加，要是不想给你加，他再高兴，赚得再多也不会给你加。但是，实际上并非如此。人是感性的动物，很多时候难免会受到情绪的控制，一般情况下，心情好的时候，更容易办好一件事。所以，加薪这件事也是如此，我们需要考虑好天时、地利、人和，在适当的时机向领导提出申请，这样才有可能取得期待的效果。一般情况下，公司每年年底都会进行业绩评估，如果觉得自己表现好，能力有所提升，值得加薪，那么这个时候是提出加薪最好的时期。

（2）聚焦你的业绩

在传统的沟通模式中，人们提出加薪的理由大都是经济压力大、家里小孩消费多、要还车贷和房贷。这些理由听上去的确很充足。但是，仔细想想这些理由似乎跟你的工作没有任何关系，不足以说服领导给你加薪。

某公司工作一年的员工，在年底的时候向老板提出加薪。老板想听听员工申请加薪的理由，员工很无奈地说："我去年结婚的，今年要了小孩，发现小孩的消费已经超乎我的想象了，而且现在老婆也没工作，在家全天带小孩，单凭我一个人目前的工资每个月的开销都供不上。"领导思考了下说："我很理解你当前的处境，我也是这么过来的。但是，我现在是这家公司的老板，我会为员工考虑，我更要为自己的公司考虑，我不能觉得你经济压力大就给你涨工资，因为当下每个人经济压力都很大。但是，并不是说不给你涨工资，如果你给公司创造的价值超过了现在的薪资水平，不用你申请，我们自然会考虑加薪的事情。"

该员工申请加薪失败的原因就在于员工一直强调自己关心的事情，而忽略了领导关心的事情。以这种理由请求加薪，即便领导认为员工符合条件，也可能会延迟加薪时间。所以，我们在提出加薪的时候，不要只是单方面从自己的角度考虑，认为自己经济压力大，需要加薪来缓解压力，而是要从领导的角度考虑，我们的能力是否提升了，我们能给公司创造多少效益，我们是否值得领导为我们加薪，我们目前的能力和创造的价值能加薪多少等。简单来说，你必须向领导证明你值得加薪，而不是你需要加薪。而要证明自己值得加薪，就要聚焦自己的业绩，并向领导证明自己会做得更好，为公司创造更多大效益。

（3）诚实地为自己估价

既然主动向领导提出加薪，那么你首先就要考虑加薪多少。加薪并不是像菜市场买菜一样，跟领导讨价还价，也不是天马行空，任由自己漫天要价。这两种情况，都会导致加薪失败。所以，在提出加薪申请前，我们需要诚实地为自己估价，即我们要了解公司的薪酬标准，我们目前的能力以及为公司创造的价值，还要了解相关行业，相同职位的薪酬水平等，然后再确定自己加薪的数字。如果你的公司发展不错，而且你的专业属于热门行业，那么可以适当提高加薪数目，但是如果你的公司发展不是很顺利，你的岗位也不是很热门，那么你的加薪幅度就要稍微降低，或者跟领导商量，以其他方式补偿，如交通补贴、住宿补贴等。

提出加薪申请，对于很多职场人士来说是一件敏感的事情，这件事情让很多人羞于说出口，但是不说又会影响自己的情绪，进而导致工作效率降低。而这里首先让大家明确知道的是，加薪并不是一件不好的事情，我们首先要正确认识加薪这件事，这是在为我们的自身利益考虑，我们需要正视；其次，加薪需要掌握以上技巧，既要考虑时机，聚焦自己的业绩，并明确自己的期望。只有这样，跟领导之间的沟通才会顺畅，加薪目的才有望达成。

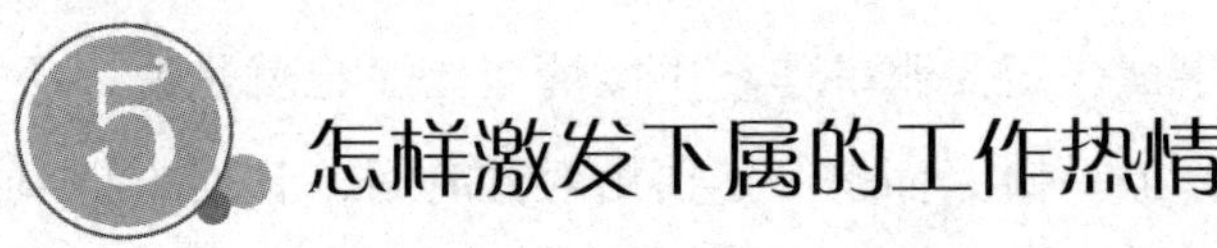

5 怎样激发下属的工作热情

现如今，市场竞争越来越激烈，企业与企业之间的竞争也逐渐转变成人才与人才之间的竞争。所以，对于企业的管理者来说，最重要的事情不是如何提升绩效，而是要清楚地知道怎样才能激发下属的工作热情，否则设计再好的绩效管理体系也是徒劳。

而激发下属的工作热情，最为关键的就是要处理好与下属之间的关系，要懂得如何跟下属沟通，并与他们建立良好的关系。但是，在传统的人际沟通中，很多管理者认为自己身为管理层不应该跟员工走得太近，这样又有失尊严，而且不便于管理工作得进行。但是对于新生代员工而言，高高在上的领导，很难让他们服从，反而是懂得他们需求，为人亲和，会利用激励方式鼓励他们的领导，才会激发他们的工作热情。所以，作为新时代的管理者，要想激发员工的工作热情，需要做到以下几点。

（1）懂得尊重你的员工

很多员工在工作中失去激情最大的原因，就是领导不懂得尊重员工。在传统的管理模式中，领导为了显示自己特殊的身份，遇到任何不对的事情，常常会不分青红皂白地严厉呵斥员工。这种做法显然会让员工对领导失去信心，进而失去对工作的热情。

因此，为了改变这种情况，领导者需要做的是，在跟员工的交际沟通中，要学会尊重你的员工。例如，在跟员工谈话时，要能准确说出员工的名字，这是最起码的尊重。而且要切记不能随意给员工起外号，当然，有趣的，得到员工本人认可的称呼可以，这样能拉近彼此之间的距离。除此之外，在平时的工作中，管理者要以平和的心态对待员工，处理事情。遇到任何事情一定要明事理，不能情绪化。也就是说，不要遇到事情就直接训斥员工一顿，而是一定要给对方时间，让对方把事情阐述清楚。然后再针对具体的事情，跟员工一起分析原因，并帮助员工解决问题。

（2）学会激励你的员工

要想让员工对工作充满热情，适当的激励是必不可少的。但是，在传统的企业管理中，无论采取的是精神激励还是物质激励，都没有取得有效的成果。这究竟是为何？究其原因，主要是因为，这些激励方式缺乏公平、公开、公正的原则。所以，领导要想采取激励政策来激励员工，就一定要遵循公平、公开的原则，否则激励不仅不会激发员工的工作热情，反而会激发员工之间的矛盾，导致员工内部关系不和谐，进而会影响团队的工作效率。

除此之外，还需要掌握一定的激励方式。但是激励方式并不是固定的，这就需要管理者对团队的员工有全面的了解，根据不同员工不同的喜好采取有针对性的激励方式。例如，对薪酬比较在意的员工，可以采取奖金激励；对身份比较在意的员工，可以采取岗位晋升的方式激励。这样不仅能提高大家的工作热情，还能增进员工对团队的归属感，进而提高团队的工作效率。

（3）成为员工的朋友

很多管理者的管理理念是，要成为员工的“领导”，让员工对自己唯命是从。但是真正懂得管理的人，会让自己成为员工的朋友。因为刻意显摆自己的身份，成为员工的“领导”的管理者，实际上是在疏远对方，会加大管理工作的难度。而成为对方的朋友的管理者，是拉近与对方的距离，了解对方，进而做好管理工作。

但是，管理者要成为员工的朋友并不是一件简单的事情，但是也并不是一件做不到的事情。说不简单，是因为员工对管理者多少会存在一定的戒备心理，会认为领导之所以跟自己走得太近，是为了打进“敌人内部”，获取更多的消息。这样的话，员工自然会疏远你。所以，领导者要想成为员工的朋友，不能刻意讨好员工，或者强行加入员工私下组织的活动，这样很容易引起他们的反感。领导需要做的是，在平时的工作中，慢慢缩短跟员工之间的距离。例如，女性管理者可以跟女员工聊护肤品，跟男员工聊游戏等，这就是很好的方式。

此外，在这个过程中，管理者需要注意的是，不能将自己摆在高高在上的位置，一定要放低自己的姿态，以朋友的口吻跟员工交流，并且要积极主动跟员工沟通，了解员工的情绪变化和需求，而且要学会及时发现员工的问题，并帮助员工解决问题。除此之外，还要了解员工未来的成长和发展方向，以便给员工提供及时的帮助，让他们可以在未来的发展道路上越走越远。

除了以上这三点，管理者还可以让员工参与团队的一些决策，如制订制度、计划等。让员工积极参与到团队的管理工作中，其实就是一种激励方式，让员工产生“主人翁”的感觉，进而激发他们的工作热情。

如何激发下属的工作潜能

工作中，同一个团队中总会出现业绩特别好的员工，也同样会存在业绩表现不是很突出的员工。其实很多时候，并非业绩不突出的员工能力上与优秀的员工存在差别，而是他没有发现自己的潜能。所以，对于团队的管理者来说，懂得如何激发下属的工作潜能，也是一项必备的领导技能。

在传统的管理模式中， 管理者都是根据员工的简历表上所填写的个人优势来安排工作。这种方式并没有错。但是，实际上我们很多人对自己的认识并不全面，并不知道自己在哪些方面有潜能。每个人身上都具备一些自己没有发现的能力，这种能力是潜藏的，需要通过一定的事情才能激发出来。如果仅凭简历来评估一个人的能力，很可能会错失人才。所以，对于管理者来说，要想发现更多的人才，为团队创造更多的效益，就需要掌握一定的方式，激发员工的潜能。

（1）表明对员工的期待

当领导赋予员工很强的期待值的时候，员工为了不让领导失望，会不断挑战自己，进而激发自身的潜能。因此，在跟员工沟通的过程中，领导要明确表明对员工的期待值。例如，领导每周或者每月，召开工作会议，并在会议中明确向每个员工表明自己的期待值。例如，“小王，我对你的期待是这个月能完成两万的业绩，你上个月完成了一万五，我觉得两万对你来说虽然不是一个很轻松的任务，但是以你的实力，完全可以挑战成功。”

这样以明确的数据表明的期待值，对员工来说不会是压力，而是激发员工潜能的动力。但是，管理者要切记，期望值要根据员工平时的表现来，不能过高。过高不但不会激发员工的潜能，反而会因为压力大，导致员工绩效降低。例如，员工一个月完成一万五的绩效已经很吃力，那么期待值为两万就会给员工巨大的压力。我们可以适当增加，如一万六。通过逐步增加的模式，让员工的潜能慢慢激发出来。

（2）让员工明确未来的发展方向和目标

人只有在方向明确，目标坚定的时候，才会激发自己潜能，努力实现目标。对于员工而言，也是如此。所以说，要想激发他们的潜能，就要明确地让他们知道，未来发展的方向和目标。

因此，管理者在制订目标的时候，要让员工参与进来，跟员工沟通，听取员工的意见。制订目标，并不是管理者一个人的事情，因为如果目标与员工无关，也无法激发员工的潜能。所以，这就需要管理者跟员工展开深入的沟通，了解员工的未来发展需求和目标，并通过深入沟通，跟员工一起确定统一目标，并明确员工未来发展方向。一旦员工的目标和方向明确，员工就会自发朝这个方向努力，而潜能也自然会被激发出来。

（3）让员工自主选择自己喜欢的工作

传统的管理模式中，是领导安排什么任务员工就按要求执行什么任务，员工基本上属于被选择的状态。这种被动的、教条式的任务分配，无疑会限制员工潜能的发挥。所以，教练式沟通认为，要想激发员工的潜能，就需要革新传统的任务分配模式，让员工能够自主选择自己喜欢的工作。

在团队中，每一名员工都有自己的喜好和优势，所以，对于管理者而言，试着去了解每一位员工的喜好和优势，就可以通过满足员工的需求，来激发他们的潜能。也就是说，当我们知道员工自主选择什么工作的时候，我们就能明确知道员工具备的潜能以及员工的需求。那么这时候，我们只需要通过满足员工的需求，让员工选择自己喜欢的工作来激励他们，就能激发出员工某方面的潜能。例如，管理者可以将工作划分为不同的种类，员工可以根据自己的兴趣或能力，选择自己喜欢的工作。这样既培养了员工的自主性，也有效地激发了员工的潜能。

（4）营造适当的竞争氛围

很多人会把“竞争”看作一个负面词汇，但是实际上，适当的竞争能够激发人的潜能。心理学有个著名的效应叫“鲶鱼效应”。所谓的“鲶鱼效应”，是指在沙丁鱼的鱼槽中，放入一条以鱼为主要食物的鲶鱼。当鲶鱼进入鱼槽后，由于环境陌生，会四处不停游动。而沙丁鱼为了不被鲶鱼吃掉，会更加努力游动。这样沙丁鱼就不会缺氧而死。这种效应说明的，其实就是在竞争环境下激发出来的一种潜能。这种竞争效应在职场中同样适用。

例如，管理者在安排工作的时候，可以采取小组的形式。小组与小组之间安排相同的任务，然后相互之间竞争，获胜的小组可以获得相应的奖励。但是需要注意的是，竞争一定要适当，否则就会形成恶性竞争。否则不仅不能激发员工的潜能，反而会影响团队成员之间的关系。

在职场中，一个人潜能的发挥，除了靠外部激励，更主要的是要靠个人的努力。所以，对于管理者而言，采取了激励措施后，就应该给员工营造良好的工作氛围，适当放开双手，授予员工一定的权力，信任你的员工，给员工更多自由的机会，让员工自己去突破，去成长。只有这样，才能让员工的潜能得到最大程度的发挥。

7 怎样高效地进行跨部门沟通

在一个企业中，会因为工作岗位、性质、职责的不同，而划分为不同的部门。企业划分部门的原因，就是为了分清岗位职责，让企业能有序运转，创造更多的价值。而对于企业而言，要想创造高绩效的前提就是，部门与部门之间必须相互协作。但是在传统的企业管理中，很多领导忽视了这一点，导致部门与部门之间互相推卸责任，不但不协作，反而为了自己部门的业绩，把对方当成了竞争对手，最终导致企业绩效降低。或者有些企业虽然进行了跨部门沟通，但是中间流程过于烦琐，耗费了大量的时间和精力也无法达成预期的效果，结果导致双方的目标都没有完成，形成两败俱伤的局面。所以，教练式沟通强调，要想使企业发展壮大，创造更高的绩效，管理者就必须重视跨部门的沟通。

在传统的跨部门协作中，往往存在这样的误区：我找其他部门沟通，就是要让对方接受我的观点。如果对方不接受我的观点，我就会想更多的理由，说服对方，让对方接受。这种强迫别人认同自己观点的方式，从心理学的角度来说是被一种情绪所驱动的，这种驱动会让对方感到恐惧，进而会导致沟通失败，部门之间的协作也无法有效进行。所以，要想高效进行跨部门沟通，这种误区是必须避免的。那么，怎样才能高效地进行跨部门沟通呢？

（1）做好沟通前的准备，明确沟通目的

在传统的跨部门沟通模式中，很多人在遇到问题的时候，没有任何

准备就去找其他部门的人沟通。他们理所当然地认为，都是同一家公司的，我有问题你就必须帮我。但是，每个部门都有自己的职责，没有哪一个公司会设一个空闲的部门专门帮别的部门解决问题。像这种没有任何准备的跨部门沟通，不仅会让对方云里雾里，打乱对方的工作节奏，也会让自己无法明确此次沟通的目的，进而导致沟通失败。

所以，教练式沟通认为，无论是生活中普通的人际沟通，还是职场中的跨部门沟通，我们都需要在沟通前就做好准备，明确自己的沟通目的。这样既是尊重对方的工作，也能够节省彼此的时间，提升沟通效率。一般情况下，在与其他部门沟通前，我们需要明确以下几个问题。

第一，我们希望对方为我们做什么？即此次沟通的目的是什么，我们需要对方如何协助我们完成什么工作。

第二，对方需要我为他做些什么？部门之间的协助一定是相互的，不存在对方协助你，而你对对方的工作不管不问。所以，沟通前，我们需要明确知道，如果对方为我提供了帮助，那我能为对方做些什么。

第三，如果对方不赞同你的观点，无法协助你的工作，你是否准备了其他方案。简单来说，就是需要准备应急措施，因为并不是你所有的观点对方都能认同。所以，我们要做好准备，如果对方不同意我们的观点，我们应该如何做。

（2）推己及人，提高协作效率

传统的沟通模式中，很多部门与部门之间，之所以沟通不畅，甚至成“对头”，主要是因为大家都只是站在自己的角度思考问题，没有考虑到对方的利益。这种不顾及对方利益的沟通模式，就是传统的单向沟通，不利于沟通目的达成。

某公司市场部的销售业绩一直都很好，并且常常会超额销售。但是产品生产部门，因为人手不足，很难按时完成任务。于是，市场部的主管找来产品部的主管说：“你们这样的生产效率太低了，产品迟迟供应不上，会降低公司的产品成交率，严重影响了公司的信誉。”产品部的主管听后有些生气地说：“这又不是我能控制的。你以为我不想多生产点吗，但是我们人手不足，我能怎么办？”市场部的主管也很强硬地说：“那是你们生产部的事情，我们市场部只负责销售。”产品部的主管无奈回应说：“行，反正我们只能生产这么多，随便你们怎么销售。”

该公司的市场部和产品部之间的沟通之所以会失败，是因为双方都是站在自己的角度考虑问题，没有推己及人，更没有全局思维，为公司的利益考虑。所以，教练式沟通认为，要想高效地进行跨部门沟通，还需要部门成员之间懂得换位思考，推己及人。例如，上述案例中，市场部应该体谅产品部人手不足的难处，产品部也应该体谅市场部客户关系难维护的情况。然后双方通过沟通，想办法解决问题，或者直接向领导反映，争取一个双赢的办法，进而提高协作效率，促进沟通目的达成。

（3）开诚布公，避免误会产生

很多跨部门的沟通失败，是因为双方之间喜欢私下沟通，并且有时候会因为顾及对方的面子，不敢把自己真实的想法说出来，导致产生很多误会，进而导致沟通失败。因此，要想提高跨部门的沟通效率，就应该在公开的环境下，开诚布公地沟通，避免产生误会。例如，两个部门之间组织公开会议，并且要求员工都参与其中。此外，在沟通的过程中，我们要敢于表达自己的观点和想法，并且还要积极聆听对方表达的内容，向对方传递强烈的协作意愿，增强彼此之间的信任。

（4）沟通统一目标，共同协作完成

部门与部门之间的冲突，归根结底，说就是目标不统一。例如，上述案例中，市场部主管说："那是你们生产部的事情，我们市场部只负责销售。"这就是典型的目标不统一，导致的沟通失败。案例中，市场部的主管只考虑产品的销量，而产品部主管只关注产品的生产量，他们忽略了一点，他们的共同目标是为了帮助企业创造利益，而不是只关注单个部门的利益。企业是由不同部门组成的，任何一个部门出现的漏洞，都会影响整个企业的绩效，只有部门之间协作发展，公司才会有更大的前景，才能创造更多的效益。所以，内部的和谐是企业领导更应该关注的问题。

而要统一内部人员，最好的方式就是统一大家的目标。所以，这就要求企业的管理者在制定企业目标的时候，要让企业所有部门的人都参与其中，并让他们明确，企业的目标与企业的每个部门有关，与每个成员有关。当大家知道目标都是一致的时候，就会形成更加和谐的工作氛围，并积极配合同事，配合其他部门，共同协作完成目标。

在职场中，部门与部门之间需要高效地进行沟通，简单来说，就是要达成实现双方共赢的目的。而要做到共赢，就需要做到以上几点，有明确的沟通目的、能够推己及人、换位思考、开诚布公地沟通，并且有统一的目标。

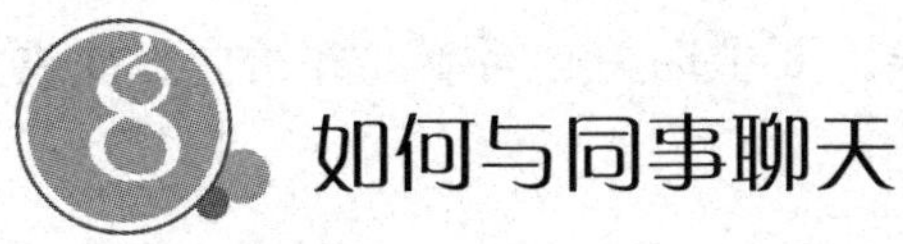

如何与同事聊天

无论是我们平时的社交还是职场中的沟通，简单来说，就是要学会处理人际关系。在传统的职场沟通中，人们处理人际关系的重点是员工与领导之间的关系，他们很少会在意如何跟同事沟通。在职场中，很多人认为，要想在职场中混得好，只要懂得如何跟领导就行。但是，仔细想想，其实在工作中，我们跟领导接触的时间并不多，真正跟我们朝夕共处的是身边的同事，而且给我们帮助最多的也是同事。所以说，在职场中，懂得如何跟领导沟通的并不是真正的职场沟通达人，真正的职场沟通达人应该还要懂得如何跟同事聊天。

在传统的人际沟通中，有人认为，同事不是领导，我们跟同事聊天可以很随意，想说什么就说什么，不需要过于在意对方的感受，并且对方不是领导，不可能因为说错话让他不开心就开除我们。正是因为人们的这种思维，导致现在很多团队中同事之间的关系很紧张，团队协作能力差，最终导致整个团队绩效下降。所以说，在职场沟通中，懂得如何与同事聊天也是员工必备的一项技能。

（1）以积极、真诚的心态与同事交流

在传统的人际沟通中，很多人在与同事的沟通中显得很被动。究其原因，是因为很多人担心对方是领导的“眼线”，会把自己的一些想法传递给领导。实际上，同事和你才是一条战线上的战友，才是更懂你的人。那种爱打小报告的同事，只是电视剧里的剧情需要。在实际的职场

中，大多数同事都是友好的，并且更懂得关心你、帮助你。所以，在与同事的沟通中，我们应该摆正自己的心态，以积极、真诚的心态与同事交流。例如，在同事遇到困难的时候，我们要积极询问同事是否需要帮助，或者在同事情绪低落的时候，要主动关心同事，并给同事提供及时的帮助。

（2）学会聆听同事的“吐槽”，但并非一定要赞同

同事跟同事在一起，聊天的主要内容无外乎工作。大多数人，喜欢把工作中的压力，或对领导或者公司的不满跟同事“吐槽”，因为只有同事才能跟你感同身受。所以，当我们跟同事聊天的时候，为了拉近彼此之间的关系，要学会聆听他们的吐槽，并表示理解对方的感受。但是，理解并不一定要赞同。毕竟吐槽出来的大都是一些负面情绪，如果我们为了迎合对方而赞同的话，反而放大了这种负面情绪。

所以，为了避免负面情绪被放大，我们在聆听的过程中，还需要引导对方朝着积极的方面思考，帮助对方消化负面情绪。例如，对方吐槽领导苛刻的时候，我们可以引导对方说：“我很理解，我跟你也是一样的想法。但是仔细想想，天下的领导似乎都是一个样，我们要是做了领导估计也会这样。但是相比较其他公司来说，我们领导其实算好的。”这样一说，同事吐槽的目的达成，负面情绪也得到了更好的释放。

（3）懂得赞美你的同事

在实际沟通中，很多人之所以人际沟通能力差，朋友少，归根结底，就是他们只懂得放大自己，不懂得赞美别人。有人说，跟他人聊天，最好的方式就是要学会赞美他人。同样，在职场中，你要懂得赞美你的同事，因为他们是离你最近，跟你相处时间最长，对你的成长最有帮助的人。

但是，这里需要注意的是，懂得赞美并不是要你“溜须拍马”，或者说一些没有实际作用的话。一般情况下，职场中，最好赞美跟工作能力相关的事情，这样增加对方的成就感，促进友好关系。当然，也可以赞美同事的穿衣品位等，适当活跃气氛也是必要的。但是千万不能只夸同事长得好看，衣服穿得漂亮，这种没有实质意义的赞美很容易引起同事的反感。例如，在工作中，我们可以夸同事“你这个方案设计得很独特，改天有时间我要跟你探讨探讨”。这样既赞美了同事，拉近了彼此之间的关系，也为自己获得了一次学习的机会。

（4）把对方当成主角

很多时候，我们不愿意跟一些人聊天，是因为对方并没有把我们当成聊天的对象，而是只把我们当成了一个聊天“工具”。换句话说，就是对方只顾着表达自己的观点，自吹自擂，根本不在乎我们是怎么想的。这种单向的沟通方式，很难让沟通继续进行下去。

所以，为了避免这种情况，在跟同事聊天的过程中，我们要懂得把对方当成主角，切忌自吹自擂，夸夸其谈。例如，在跟同事聊天的过程中，要主动询问对方的观点，并仔细聆听对方表达的内容，适当的时候要点头表示你在聆听。

（5）懂得控制自己的情绪

沟通很多时候不能顺利进行，是因为我们不能控制好自己的情绪，沟通过程中，一旦发现对方跟自己观点不一致，且对方持很强烈的反对态度，我们就会感到非常气愤，进而会选择终止沟通。因此，为了改变这种情况，营造一个和谐的沟通氛围，在跟同事的聊天时，我们需要学会控制自己的情绪。例如，当别人观点跟自己不一致时，我们也要认真聆听完，然后再用温和的语气表达自己的观点，并与对方进行深入的沟通，直到双方观点一致，沟通目的达成。

在职场中，人际关系的核心并非领导与员工之间，而是员工与员工之间。所以，我们不仅要懂得如何请示和汇报工作，还需要懂得如何跟自己的同事聊天。

第7章 社交沟通：如何处理好人际关系

人人都是社会人，无时无刻都需要跟身边的人沟通。所以，要想在社会上更好地生存，我们就必须学会社交沟通，即要懂得如何处理好人际关系。在传统的社交中，人们认为沟通是表达自己。但是真正意义上的有效社交是让对方愿意跟你沟通。如何才能让对方愿意跟你沟通，顺利达成沟通目的呢？本章从引导对方谈论自己，听对方谈话，重视动作语言，学会闲聊，赞美对方，接纳和亲近对方，让别人替你说话等几个方面，具体阐述了在沟通过程中，我们具体应该掌握哪些技巧，如何做才能处理好人际关系。

1 引导对方谈论自己

在传统的人际沟通中，人们沟通的核心是自己，所以沟通的重点是，如何将自己的想法和观点表达给对方听。但是实际上，真正懂得沟通的人知道，沟通的核心是对方。因为我们需要从对方那里获取更多的信息，促进沟通目的达成。但是我们如果说得越多，留给对方说话的机会就越少，我们获取的信息就越少，很容易导致沟通失败。所以，沟通目的达成的关键是，我们要懂得在沟通的过程中引导对方谈论自己，让自己获取更多的信息。那么在社会沟通中，如何引导对方谈论自己呢？

（1）找到对方感兴趣的话题

我们都清楚地知道，我们只有在遇到自己感兴趣的话题时，才会滔滔不绝地表达自己的观点。而且，人们都有一种渴望被认同，被关注的心理。所以，在与他人沟通时，我们首先要向对方传递的一个信息是：我很关注你。而关注对方最简单的方式就是，找到对方感兴趣的话题。

我们在日常的人际沟通中，经常会有这样的感受，如我们很喜欢某品牌新推出的一款口红，而对方跟你聊天的时候，刚好聊到了这款口红，并且很详细地说出了口红的色号、质地等。这时候你会特别开心地说："原来你也喜欢这款口红啊。"如果这时候对方说："是的，最近比较关注，而且之前无意中听你说起个这个品牌。”这时候你会更加高兴，因为对方表现出了对你的关注，进而你会跟对方分享更多关于这款口红的“故事”。

所以说，我们在跟对方沟通的过程中，一定找对方感兴趣的话题，让对方知道我们很关注他。而要找到更多对方感兴趣的话题，还需要我们平时多留意、观察对方是什么样的人，对他们有更全面的了解，知道他们的喜好和需求，这样更利于交际沟通目的达成。

（2）懂得在沟通中设问

引导谈论自己最好的方式莫过于在沟通中“设问”，即通过相关的问题，让对方主动思考，主动谈论自己。但是提问不是瞎问，需要掌握一定的技巧，否则将无法引导对方谈论自己。

某团队的两名员工私下也走得很近，经常会约一起吃饭。虽然关系好，但是两个人的性格不同，一个比较安静，不喜欢说话，另一个则话比较多。话多的这名员工总觉得自己不是很了解话少的这名员工，于是吃饭的时候，他就问道：“你在公司业绩排名前列，有什么秘诀吗？”对方笑着说：“哪有什么秘诀。”这名员工继续展开攻势，接着问：“我不信，没有秘诀每个月绩效都比我高。”对方笑着说：“我呢，就是玩手机时间比你少，对于领导安排的任务尽量按时完成。只要效率高了，绩效自然就上去了。而且如果你一直表现都还可以的话，你就不允许自己表现太差，会用更高的标准严格要求自己。”话多的这名员工笑着说：“我还是太年轻，手机玩得太多了。”

一个原本不爱说话的人，通过对方的设问，慢慢打开了心扉，将自己的工作技巧和方法告诉了对方，这就是一个很好的通过设问引导对方

谈论自己的方式。但是这里我们要注意的是，我们一定要聊对方在行且对方感兴趣的话题。如果面对一名工作效率不高、表现不好的员工，我们还问对方工作方式，那么这不是引导对方谈论自己，反而像是在讽刺对方，必然会导致沟通失败。所以，设问也需要懂得技巧。

（3）让对方感受到你的真诚

在沟通的过程中，如果对方对我们表达的内容没有任何兴趣，那么我们很快就会对自己的表达失去信心，进而不愿意再表达过多的内容。所以，为了让对方有更多的信心表达自己的观点和想法，引导对方深入谈论自己，在沟通的过程中，我们就要让对方感受到自己的真诚，并表现出对他人的谈话感兴趣。

例如，在对方表达的时候，我们要认真聆听，如身子微微向前倾，或者在对方表达的过程中，适度向对方提问，抑或就对方的观点表达自己的想法。这样，对方就能清楚地知道，你对他表达的内容感兴趣，并且知道你在认真聆听。一旦对方感受到你的真诚，对方就会更多地谈论与自己相关的内容，你就可以获取更多相关信息，进而促进沟通目的达成。

在社会沟通中，要想处理好人际关系，引导对方谈论自己，我们就要改变传统人际沟通中，以自我为中心的观点。我们要将沟通的核心放在对方身上，关注对方感兴趣的话题和对方的需求，并通过设问和聆听让对方感受到我们的真诚，进而获取更多相关信息，促进沟通目的达成。

② 先听听对方的话很重要

理想的人际关系是建立在相互交流思想的基础上，也就是说，在沟通的过程中，我们不仅要懂得如何表达自己的观点和想法，更要知道先听听对方的话很重要。但是在传统的人际沟通模式中，人们总是认为沟通中，谁先说话，谁就有话语权，谁就能抢占先机，达成自己的目的。但是沟通是双向的，我们只顾着表达自己的观点，而不听对方的话，必然会让沟通难以进行。

所以，教练式沟通认为，在人际沟通中，我们要先听听对方的话，从对方那里获取更多的信息。在这个过程中，我们很可能会遇到对方观点与自己不一致的时候，但是这时候千万不要急于反驳，一定要耐心让对方把话说完，否则很可能导致沟通终止，沟通目的无法达成。那么，为何教练式沟通强调在处理人际关系时，先听对方说话很重要呢？

（1）先听听对方的话，是沟通的前提

在传统的人际沟通模式中，人们侧重的是向对方表达自己的想法和观点，很少会给对方机会表达自己。而这种单向的沟通模式，很难建立双方对话关系，甚至很多时候，一场沟通结束后，对方一句话都没有说，全程都在听你说话，这种沟通其实就是一个人的“独角戏”，失去了沟通真正的意义。

沟通是双向的，即双方建立对话关系的过程。所以说，先听听对方的话，是建立对方关系，达成沟通目的的前提。因此，在跟对方沟通的

过程中，我们要给对方更多的时间和机会，让对方畅所欲言。例如，在沟通的过程中，我们可以说“我个人是这么想的，你呢?”“我觉得自己想的可能片面，我想听听你的想法”。这样一来，我们就很自然地将话语权交给了对方，而且也向对方表明我们对他的观点很感兴趣。这样自然就能激发对方表达的欲望，并且可以形成和谐的沟通氛围，更容易建立对话关系，让双方之间互相了解，获取更多的信息，进而促进沟通目的达成。

（2）先听听对方的话，是一种最基本的尊重

美国著名心理学家马斯洛，根据人们的不同需求，提出了一种心理需求层次理论。该理论像金字塔一样，由低到高依次是：生理需求、安全需求、社交需求、尊重需求和自我实现需求。而我们这里所说的人际关系，其实就是社交需求，是排在心理需求的上层。当人们满足这一层次的需求后，自然会有更高的追求——尊重需求。所以说，要想处理好人际关系，我们就必须满足对方求尊重的需求。而在沟通中，先认真聆听对方的话，就是最基本的尊重。例如，在沟通的过程中，我们可以说“先听听你的意见”“我对你的想法很感兴趣”等。

（3）先听听对方的话，能获得更多的信息

无论是职场中的沟通还是社交中的普通沟通，都是有目的的。所以，无论通过什么方式，我们的目标就是要达成沟通目的。但是在传统的沟通模式中，我们不难发现，如果我们抢占话语权，一直津津乐道跟对方表达自己的想法和观点，我们最后获取的消息都是自己表达的内容，对对方的想法一无所知。也就是说，我们说得越多，知道得越少，最终我们的沟通目的很难达成。

所以，教练式沟通一直强调，在沟通的过程中，要先听听对方的谈

话，正是因为我们需要更了解对方，获取更多的信息，进而可以有针对性地了解满足对方的需求，最终促进沟通目的达成。

（4）先听听对方的话，能激发自己深入思考

在传统的人际沟通模式中，我们应该更侧重自己表达的内容，并且还会常常将自己的想法和观点强加给对方。也就是说，我们很少会反思自己是不是对的，自己的观点是不是存在问题。而是一直坚信对方是错的，我是对的。这种单向思考的思维模式，很容易因为思维局限而作出错误的决策。

所以，教练式沟通认为，先听听对方说的话，不仅能让我们获取更多的信息，还能激发自己更深入的思考。因为大多数时候，我们思考问题都比较主观，自我，如果这时候，我们能先听听对方的话，我们很可能被对方某个观点或想法激发，然后开始反思自己之前一直坚持的观点是否正确，是否有待完善的地方。这样反思后，我们作出的决策就会更加正确，也更有利于沟通目的达成。例如，当我们跟与方观点不一致的时候，我么不要急于反驳，我们可以说："我们观点是有些不同，所以我很想具体听下你是怎么想的。"这样既表现了对对方的尊重，也表现出对对方的认可，对方会更愿意更多地阐述自己的观点，我们也可以更深入思考，最终共同探讨，找到解决问题，达成沟通目的的办法。

在人际沟通中，先听听对方的话，是了解别人，获取信息的一种方式，更是一种沟通艺术，是与人交往中智慧的体现。所以，在人际沟通中，我们切记不能把自己放在沟通的重心部分，而是要聚焦对方的谈话，尊重对方，从对方的谈话中获取更多的信息，激发自己深入思考，进而共同探讨，找到解决问题的方案，促进沟通目的达成。

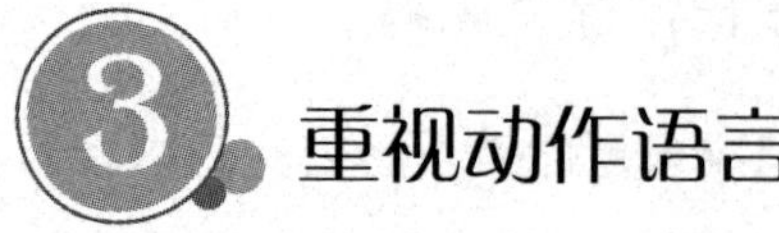

3 重视动作语言

在传统的人际沟通中，人们认为，沟通就是说话。所以在沟通的过程中，人们最关注的是自己表达的内容，偶尔也会聆听对方表达的内容，但是人们很少会重视自己或对方的动作语言。但是，在实际的沟通中，动作语言对沟通的成败起着决定性作用。

所谓的动作语言，也就是我们常说的态势语言，如微笑、点头等。态势语言是作为有声音语言的一种辅助形式，也是沟通中的重要辅助手段，是有声语言无法表达出的一种情感。美国心理学家艾伯特·梅瑞宾认为，在一条信息的传递效果中，词语的作用仅占7%，声音的作用占38%，而面部表情占55%。关于这一观点，体态语研究的先驱欧文·戈夫曼也曾说过，尽管一个人可能停止说话，但是他不能停止身体习惯动作信息的传播。

因此，教练式沟通强调，在实际沟通中，我们不仅要懂得利用有声语言，还需要懂得如何利用动作语言来辅助沟通，进而促进沟通目的更好更快达成。

（1）给对方留下最好的印象

在实际沟通中，无论是第一次见朋友还是参加面试，我们都会很重视第一次见对方的机会。似乎大家都不约而同地达成了一个共识：第一印象很重要，能够决定沟通的成败。在实际的沟通中，的确如此。但是，第一印象并不只是外表的穿着打扮，更多的是一个人的言谈举止，而动作语言具有明显的“首因效应”，即我们通常所说的第一印象。为何这么说呢？

在沟通中，信息出现的顺序会对印象形成产生很大的影响。关于这一点，美国著名的心理学家卢钦斯曾证明过，首因效应在印象的形成中有举足轻重的作用。在沟通中，如果第一印象好，沟通就会更主动，效率就会更高。而如果第一印象不好，沟通就会变得很被动，对方甚至不想跟你继续交流，进而导致沟通失败。而在第一印象中，动作语言是最为关键的，也是作用最明显的。尤其是第一次跟不熟悉的人沟通时，我们通过动作语言，能很快拉近彼此之间的距离，给对方留下良好的印象。例如，沟通过程中，学会微笑，点头等。

（2）辅助有声语言，增强感染力

在日常的沟通中，如果对方一直没有任何动作和表情，喋喋不休表达自己的观点我们很快就会对对方的谈话失去兴趣。但是，同样，2017年很火的节目《吐槽大会》，也是一个人在上面喋喋不休，但是在荧幕前我们却很容易被吸引，并且会集中精力听他讲述的观点。这究竟是为何？因为《吐槽大会》上，任何一个嘉宾的动作、表情都很丰富，不仅会逗乐观众，还会让观众连走神的时间都没有。

这就是动作语言的魔力，它能够辅助有声语言，增强有声语言的感染力，让大家在轻松、愉悦的沟通环境中，进行有效的沟通。例如，在沟通中，为了让对方更专注我们表达的内容，我们可以适当增加一些合适的动作语言。当然这里一定要记住，动作语言是辅助的有声语言，切不可喧宾夺主，否则就会像唱大戏，最后大家仅仅是看了一场精彩的戏剧，而具体说了什么却没有人记得。这样必定会导致沟通失败。

（3）代替有声语言，丰富情感

在实际沟通中，处理人际关系其实就通过沟通表达情感、维系情感的过程。但是，沟通中的有声语言，除了可以通过声调的高低来传递情绪，很难让个人的情感得到更全面的表达。而动作语言很多时候可以代替有声语言，让情感更丰富地表达出来。在我国古代的名著《诗经》中有这样的句子：言之不足，嗟叹之。嗟叹不足，歌咏之。歌咏不足，手之舞之，足之蹈之。从这句话中不难看出，很多时候有声语言无法表达出的情感，可以用动作语言代替。

（4）从动作语言中获取相关信息

很多时候，在沟通的过程中，我们因为顾及对方之间的关系，有时候与对方的观点存在不同，我们也不会选择用有声语言表达出来。但是，很多时候，嘴上说不要，但是内心是诚实的。心理学表明，很多时候，人内心潜藏的想法会通过肢体动作和表情反映出来。所以，我们要明确地知道，沟通过程中，对方不表达自己的观点，并不代表对方一定认同或者反对你的观点。所以，这就需要我们通过对方的表情、神态等动作语言，要分析、判断对方的观点和想法，然后再通过有声语言与对方沟通、确认。

例如，在沟通的过程中，如果你表达完观点后，对方眼睛忽然放大，或者盯着你5秒以上，那么说明对方对这个观点存在疑虑，他有可能是之前从没有听过类似的观点，也有可能是对你的观点持有强烈的相反态度，但是很可能会顾及你的面子选择不说。这时候，你就需要依据对方的动作语言提出相关的问题，如“你是不是还有更好的想法”“你觉得我的想法是不是还需要完善”，这样就能够引导对方把自己的想法说出来，进而让沟通更顺利进行。

在沟通中，单纯的有声语言很难吸引对方，让对方集中精神聆听。所以，教练式沟通认为，在实际沟通中，我们还要懂得使用动作语言，让自己表达的情感更丰富，表达的内容更有趣，更能吸引对方聆听，进而促进沟通目的有效达成。

4 学会闲聊，轻松愉快就好

美国著名心理学家威廉·詹姆士曾经说过：与人交谈时，若能做到思想放松，随随便便、没有顾虑，想到什么就说什么，那么谈话就能进行得相当热烈，气氛就显得相当活跃。其实，这就是我们很多时候在重要的场合难以达成沟通目的的原因。

因为在传统的人际沟通中，为了能够更好地向对方传递自己的观点，给对方留下一个好印象，我们很容易将沟通气氛营造得很紧张、严肃，而心理学研究表明，人在过于紧张、严肃的沟通氛围中，很难表现得很好。所以，詹姆士说的“随随便便”的沟通，其实就是给自己更轻松愉快的沟通氛围，而要营造这种氛围，我们就必须掌握沟通中的技巧——闲聊。

闲聊并不是天马行空，想到哪儿说到哪儿，而是要抱着“说不好也不要紧”的态度与对方沟通。当我们学会放下自己，以良好的心态，敞开心扉去跟对方沟通时，我们会发现沟通并不是一件困难的事情。很多时候，愉快氛围下的沟通其实就像好朋友之间的闲聊，而且这种闲聊的沟通效率会更高。那么，在实际沟通中，要如何学会闲聊呢？

（1）摆正自己的心态

沟通中，最重要的就是要摆正自己的心态。换句话说，我们不能过分重视也不能轻视每一次沟通。因为过于重视会让我们紧张，在沟通中容易出现语无伦次，内容表达不清晰等情况。而轻视沟通，会让对方觉得我们不够重视他们，进而导致对方不愿意聆听我们的表达，也不愿意继续跟我们沟通。所以，教练式沟通认为，闲聊之前要摆正自己的心态。

所谓摆正自己的心态，就是说我们要轻松地对待沟通，要把它当成一件愉快的事情。这样的话，我们首先就能营造一个相对轻松愉快的对话氛围，在这个氛围下展开沟通也会让沟通变成更加容易的事情。

（2）按自己平时的方式去表达

在沟通过程中，很多人为了提高沟通效率，会刻意去模仿对方或者其他人的一些说话方式。但是这种我们不熟悉的说话方式，不但不会让我们更得心应手地去与对方交流，反而会阻碍我们的沟通。

所以，教练式沟通认为，我们需要掌握一定的沟通技巧，但是千万不能刻意去模仿别人。这样会丢失自己本身的魅力，也容易因为运用不恰当而降低沟通效率。为此，我们需要做的是按照自己平时的方式去跟对方沟通，这样表达会更自然，给对方的感觉也会更加亲切。但是，要注意的是，按照自己喜欢的方式去闲聊，并不是为了让自己说起来更轻松，主要是让对方愉快，也就是说，我们要保持有趣、愉快的说话方式。闲聊的目的并非要你展示自己的聪明才智，征服对方，而是要让双方愉快，增进相互之间的感情，促进深入沟通。

（3）以自己为话题，建立信任

闲聊需要找到话题，而找话题也需要技巧。如果沟通一开始，我们就询问对方问题，或者以对方为话题的中心去交流，很可能对对方来说是一种冒昧和不尊重。所以，我们要学会以自己为话题展开闲聊。

以自己为话题的目的是给对方一个缓冲的过程，也让对方能够更多地了解自己，进而建立信任关系。一旦信任关系建立起来，双方之间的话题就会越来越多，能闲聊的事情也就越来越多，沟通自然就可以更顺利地进行。所以，在沟通的过程中，我们需要适当地“暴露”自己，即要向对方透露自己的一些喜好，或者对一些事情的想法，进而引导对方进入自己的话题，然后带动其他话题，最后进入愉快的闲聊。

（4）谈论对方熟悉的事情

我们每个人最熟悉的都是自己知道的事情，而且也只有对方在谈论自己知道的事情的时候，我们才有热情参与其中。如果对方聊到的话题，是我们一无所知的，我们很容易形成一种自卑心理，自叹不如对方知道得多，然后便不愿意参与其中。甚至，严重的时候，我们会认为对方是在自我炫耀，以此来贬低自己。

因此，为了避免这种情况出现，教练式沟通认为，学会闲聊，一定要谈论对方熟悉的事情。只有聊到对方熟悉的事情的时候，对方才能很轻松愉快地谈论自己。所以，很多时候，我们并不需要费尽心思去找话题，话题其实就在自己身上或对方身上。谈论自己，暴露自己的相关信息，其实就是为了引导对方更自然，没有负担地谈论自己更多相关的内容，进而我们可以获取更多的信息，促进沟通目的达成。

在沟通中，学会闲聊其实就是为了营造一种轻松、愉快的沟通氛围。现如今，很多人将沟通视为谈判，他们很喜欢掌控沟通中的主动权，希望能用自己的才智征服对方。但是，真正意义上的沟通是心与心之间的交流。所以，沟通不是谈判，而应该是轻松、愉快的闲聊。在这个过程中，我们不需要用自己的才智征服对方，而是应该用自己有趣的说话方式，让对方快乐地表达自己。

5. 不失时机地赞美对方

俄国著名作家列夫·托尔斯泰曾说过一句话：就是在最好的、最友善的、最单纯的人际关系中，称赞和赞许也是必要的，正如油滑对轮子是必要的，可以使轮子转得快。这一观点，其实就是心理学上所说的心理相悦性。人们在人际沟通中，要想利用心理学上的相悦性，获得良好的人际关系，就要学会不失时机地赞美对方。

但是在传统人际沟通中，人们在表达自己想法的时候，很少会顾及对方的感受，更不会主动学会赞美对方。很多人的内心理想法是，希望通过自己的才智征服对方，获得对方的称赞，进而说服对方认同自己的观点。但是无论赞美还是沟通，其实都是相互的过程。我们需要学会用同理心去交流，既然我们需要得到别人的赞美，那么也应该不失时机地赞美对方，促进沟通顺利进行。所以，教练式沟通认为，要想处理好人际关系，就要懂得洞察对方的心理需求，并利用心理相悦性，不失时机地赞美对方。

（1）把握时机，真诚赞美对方

赞美是发自内心的，是真诚的，对对方的一种认可，不是“溜须拍马”。但是在传统的人际沟通中，人们在赞美对方的时候，会把赞美当成一种应酬，认为赞美对方主要是为了让对方认同自己的观点，认同自己的立场。但是，这种“阿谀奉承”的赞美显然会让对方对你产生抗拒的心理，进而导致沟通终止。所以，赞美一定要发自内心，真诚赞美对方。

古时候，有两个人，一个名叫祝子园，一个名叫唐凌。这两个人都要到京城任官。临走之前，两个人相约到老师家去辞别。老师嘱咐他们说："依照现在的时局来看，走正道应该是行不通的。你们现在去京城任官，对上应该毕恭毕敬。这叫送'高帽子'。要是能这样做，不仅不会得罪人，还容易把事情办得更好。"唐凌听完老师的话，赞叹说："老师说的话实在是太好了，如今像您这样不喜欢'高帽子'的又有几人呢?"在辞别老师回来的途中，唐凌对祝子园说："你看！'高帽子'又送出了一顶。"

在这个故事中，送"高帽子"其实就是要懂得赞美别人。而唐凌送给老师的"高帽子"是在不知不觉中进行的。不但没有刻意表现出"吹捧"，反而更多体现的是对老师的恭敬和对老师高尚品德的赞美。所以可以说，唐凌把握了最佳的赞美时机，让沟通更有效进行。这也是教练式沟通中强调的，我们既要流露真诚，也要懂得把握时机。

懂得把握时机，是沟通中决定成败的关键因素。无论是前面提到的沟通技术中的提问、回应，还是现在所说的赞美，都需要把握时机。因为，只有把握时机，才能发挥出这些沟通技巧最大的效用。例如，上述案例中，如果唐凌在老师嘱咐之前就跟老师说"今天像您这样不喜欢'高帽子'的又有几人呢"，虽然对唐凌而言是发自内心的赞美，但是这个时候，这种莫名其妙、没有根据的赞美却会让老师一头雾水，进而会认为你在"阿谀奉承"。所以为了避免这种情况发生，让对方能感受到我们的真诚，在赞美对方的时候，一定要把握好时机，有根有据、有逻辑地赞美对方。否则，赞美很容易取得适得其反的效果。

（2）赞美对方具体的行为和变化

"真诚赞美"与"阿谀奉承"之间的度到底该如何把握，是很多人在沟通中的困惑。在沟通中，明明我们很真诚，认为对方很好，很欣赏认同对方，为什么当我们赞美对方的时候，对方会很惊讶地反问“真的假的”“你骗我的吧”“要说实话，不能拍马屁”。对方之所以会这么想，其实就是因为我们只是赞美对方好，而没有说明为什么认为对方好，对方究竟好在哪里等具体问题。所以，那些空洞的赞美，很容易让对方觉得虚伪，不真诚。因此，为了改变这种情况，让对方感受到自己的真诚，切忌笼统地夸奖这个人很好，而是要赞美对方具体的行为和变化。

美国著名管理学家内梅罗夫博士建议，赞美他人时最好回想某一特定情况，描述出具体的行为。夸赞别人越具体越好，说一百遍你真漂亮，不如说一句“你今天的衣服搭配得很时尚”。例如，在日常的交际沟通中，赞美女士好看的时候，一定要具体到对方是那些具体的行为让你觉得她变好看了。否则对方很可能认为你在怀疑她整容了。例如，我们可以说“你今天口红颜色不错”“这件裙子很适合你”“最近皮肤变得更好了”等。或者在发现对方因为努力有明显变化的时候，我们可以夸赞对方，如“你最近减肥很成功”“你这个方案设计得很好”等。这种具体的赞美，不仅会让对方更开心，也会让对方更自信，沟通自然会变得更加顺利。

（3）拿自己做比较

很多人在赞美对方的时候，会一直强调对方的好处，但是这种过于放大对方的优点，很容易让对方认为你是在“溜须拍马”。所以，在沟通中，为了让自己的赞美更加真诚，我们可以拿自己做比较。例如，对方减肥很成功，我们可以说：“我最近也在减肥，但是我控制不了饮食，去健身房也是‘三天打鱼，两天晒网’。所以，我觉得你真是太棒了，坚持了两年，还取得了这么好的成效”。这种拿自己做对比的赞美，能更清楚、具体地反映出对方的优点，能明确让对方感受到，我们是发自内心在赞美。而且对方一定会受到莫大的鼓舞，并会更努力去做这件事。

（4）学会在背后赞美

在背后说人坏话是沟通中最忌讳的。但是，相反，在背后夸人的效果，很多时候会比当面夸奖更有效。而且我们不用担心，别人会将我们的夸奖传递给被赞美的人，反而这样传递的话会取得更好的效果。例如，我们在闲聊的时候，突然提到某件事情，我们想起来很擅长这件事情的人，可以说“这方案某某做得很好，而且相当有创意”。如果这句话通过朋友传到对方耳朵里，对方一定会相信你的赞美是真诚的，并会为此感到特别高兴。

所以说，在沟通中，赞美他人不仅是一种美德，更是一种沟通艺术。这种沟通艺术会让我们更加懂得去发现、欣赏对方的优点，并真诚表达自己的认同，进而给对方带来莫大的鼓舞，也让沟通更顺利地进行。

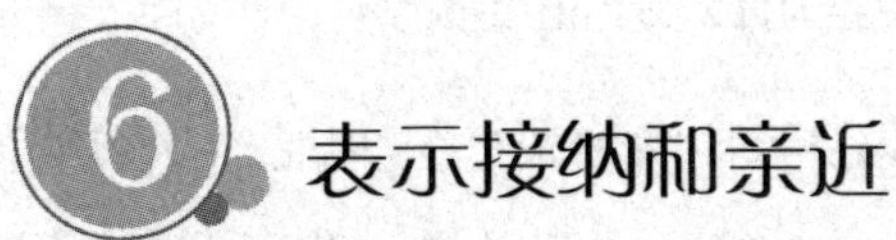

6 表示接纳和亲近

真正意义上的沟通，是心与心之间的交流，即需要沟通双方能够互相接纳，愿意亲近对方。但是，在传统的人际沟通中，人们由于过多地关注自己，总是容易忽视对方。而这种忽视仿佛一双手在推开对方。所以，当对方感觉不到我们的重视时，就会选择停止与我们继续沟通。而导致这种情况发生的原因就是，我们没有学会接纳和亲近对方。

在人与人的沟通中，要想成功达成沟通目的，前提是对方要愿意跟你交流。而要让对方愿意跟你交流，首先你要拉近彼此之间的距离。那

么如何拉近彼此之间的距离呢？这就要求我们在沟通的过程中，不能只注重自己表达的内容，更不能将自己的观点强加给对方，而是应该对对方的观点、想法、行为等表示接纳和亲近。具体该如何做呢？

（1）谈论与对方相同的意见

在与对方交谈的过程中，如果能聊聊与对方相同的意见，对方自然会对你产生兴趣，而且会对你产生好感。因为，在实际的沟通中，谁都想遇到一个懂自己，与自己想法一致的人。这种人对他们来说是一种肯定，也能够证明自身的价值。

在沟通中，其实谈论与对方相同的意见，就是一种接纳。因此，在实际的沟通中，当遇到自己与对方意见一致的时候，我们一定要表现得更加热情，并积极地向对方表述自己的观点。但是需要注意的是，谈论与对方相同的意见，并不是简单地认同对方。我们需要详细向对方阐述认同的理由，换句话说，我们需要列出对方意见的优点，并深入探讨这些优点，让对方感受到我们的真诚，进而愿意跟我们亲近。

（2）在不同意见中找到某些可以赞同的部分

谈论与对方相同的意见就是表示接纳和亲近。但是，在实际的沟通中，并不是对方的任何观点都是对的，也就是说，我们大多数时候，遇到的情况是对方的观点与自己的观点不一致。在传统的人际沟通中，人们解决这一问题的方法，大多是和对方理论，将自己的想法强加给对方，让对方认同自己的观点。严重的情况下，甚至会产生激烈的冲突，进而导致沟通失败。

所以，教练式沟通认为，真正的接纳和亲近，并不是表现在认同对方观点的时候，而是体现在当我们观点与对方观点不一致的时候。那么观点不一致的时候，我们要如何表示接纳和亲近呢？在沟通的过程中，当对方的观点和我们的观点不一致的时候，我们不要急于反驳对方，而是要表达对对方的理解。但是理解并非强迫自己认同对方的观点。我们可以在不同的观点中，找到某些可以赞同的部分。

例如，对方提出一个很有创意的点子，但是你认为这个点子在实际生活中是行不通的。那么这时候为了表示接纳和亲近，你可以说“你的观点真的很有创意，但是可能在实际生活中运用会比较困难”。这样既委婉表达了自己不同的意见，也赞美了对方。对方不但不会认为你在否认他的创意，反而会认为这是一种认可，会愿意亲近你，与你继续交流这件事情。

（3）接纳不同意见，拉近彼此距离

在实际的沟通中，我们会遇到与对方意见一致的情况，也会遇到即便不认同对方的观点，但是有部分想法还是值得认同的情况，更会常常遇到观点截然相反的情况，即我们不但不认同对方的观点，甚至很难认同对方的思维方式，思考问题的方法等。传统的人际沟通中，遇到这样的情况，人们通常会站在自己的立场，将对方的缺点一一指出来。而这种方法既是对对方极大的不尊重，也无法解决实质性的问题，并且会将对方和自己的距离拉开，直接导致沟通失败。

而为了改变这种情况，我们必须学会接纳不同的意见。首先，我们需要让对方把自己的意见表达完，然后试着换位思考去理解对方的观点。很多时候，当我们换个角度思考问题的时候，我们会发现自己之前的想法太片面。慢慢地，经过深入的思考，接纳对方就变成了一件容易的事情。

沟通是双向的，所以说，接纳对方，亲近对方是沟通的前提。但是传统的人际沟通模式中，常常让我们陷入一个误区，就是沟通是为了协调，让对方认同自己的观点。所以，在沟通的过程中，我们往往会放大

自己而忽略对方的需求。但是真正意义上的沟通，是沟通的双方之间通过真诚的交流，拉近彼此之间的距离，引发情感共鸣，最终达成沟通目的。所以，教练式沟通认为，沟通的前提是要学会接纳对方，拉近彼此之间的距离。

7 让对方明白和清楚你所说的内容

在沟通中，我们常遇到自己津津乐道讲完自己观点的时候，对方表现出一脸茫然的样子。于是，为了确保对方能够明白并清楚自己所说的内容，我们常会在自己表达完后问“你能明白我的意思吗”。以上这种经历，相信在人际沟通过程中大家都遇到过。但是大家有没有想过，我们说的都是中国话，而且都是普通话，为什么会存在自己表达完，对方并不知道我们在说什么这种情况呢?

归根结底，是因为在传统的沟通模式中，人们并没有把对方当成一个沟通对象，只是把对方当成一个聊天对象。在这种沟通模式中，我们在意的是如何将自己的想法表达完，而不在意对方能不能听懂。因此，常常导致沟通结束后，对方并不知道你想表达什么，进而导致沟通失败。所以，教练式沟通强调，在人际沟通中，我们不仅要将自己的想法表达出来，也要让对方听明白和清楚我们所说的内容。

（1）找到表达内容的核心和重点

很多时候，在沟通中，不但对方无法理解我们所表达的内容，甚至连我们自己都不清楚自己到底想表达什么。这就是因为我们不明确沟通的目的，不知道自己要表达的核心是什么，所以导致我们想到哪儿说到哪儿。这样不仅会干扰自己表达的思路，也会让对方一头雾水。所以说，表达之前，一定要明确表达内容的核心和重点。

相关实验研究表明，人们在接受信息块的时候，通常能记住5~9个。如果沟通中传递的信息超过这个范围，人们记起来就会很吃力，甚至会把之前记住的都忘记。所以，从这一点来看，沟通中不仅语言表达要清晰，更加需要重视的是传递的信息数量不能过多。一旦信息量超过人们的记忆范围，就会导致信息无效，沟通失败。所以，在沟通的过程中，要学会把握核心内容和重点信息。

此外，还需要注意的是，对于不同的人来说，重点是不同的。也就是说，这里所谓的重点并不仅仅是我们表达内容的时候需要关注的重点，更多的是对方需求的重点，即对方需要获取哪些内容，哪部分内容才是沟通中的重点。例如，我们在跟对方讨论晚餐，也许我们认为去哪吃很重要，但是对方表达的意愿是吃什么，那么这时候我们就要重点表达吃什么。

除了要关注对方需求的重点，我们面对不同的人群时，表达的侧重点也不尽相同。例如，我们提到上海，大多数人会用“东方明珠”“南京东路”等这些词语来描述，但是如果是跟一个从来没有去过上海的人沟通，那么我们首先要考虑对方的接受能力，他们是否能理解这些词汇。所以，这时候我们就需要转换我们的信息块重点，我们可以从上海人说话的口音等入手，然后与自己家乡的方言对比，最后谈到上海的饮食习惯和发展等。这样会让对方听起来很轻松，画面感更强，沟通中的重点自然就突出了。

（2）注意自己的表达方式

每个人都有自己喜欢或者擅长的表达方式，但是很多时候，我们会

发现自己喜欢的沟通方式并不能有效达成沟通目的。所以，教练式沟通认为，在沟通中一定要选择正确的沟通方式，这样往往能达到事半功倍的效果。并且，对于不同的人也需要用不同的沟通方式。

例如，当我们面对小朋友的时候，我们跟小朋友讲解植物的相关知识，那么我们需要从植物的形状、颜色、气味等表面去展开。但是当我们面对一群成人的时候，我们就需要用更科学严谨的词汇去讲解相关知识。所以说，面对不同的人要使用不同的沟通方式，才能确保对方能明确和清楚你所说的内容。

除此之外，在人际沟通中，我们需要注意三种沟通语言，分别是：理性语言、感性语言和表述语言。表述语言，是新闻联播主持人常用的，他们需要没有任何表情地陈述事实。但是，如果在沟通中使用表述语言的话，很难让沟通继续进行下去。所以，教练式沟通强调，在沟通的过程中，要加入自己的感情。如果是比较理性的观点，为了更生动地表达出来，我们可以用感性的语言，但是切记不能过于夸大感性，否则也会造成对方不知道你想表达什么的尴尬局面。一般情况下，比较理性的语言适合与上级沟通的时候。所以说，要想让对方明白和清楚你说话的内容，表达方式也很关键。

某团队两名员工甲和乙私下沟通。甲抱怨说：“老板真的是自以为是，总是误解我的意思，我真是讨厌死这种老板了。”乙听完之后安慰他说：“你不要急着给老板贴标签……”还没等乙把话说话，甲就很生气地说：“你什么意思，你是觉得我误会老板了？你该不会跟老板是一边的吧?”于是双方发生激烈争吵，导致沟通无法顺利进行。

在沟通的过程中，甲还没有听乙把话说完，就开始使用感性的语言回应对方，导致沟通无法顺利进行。除此之外，导致沟通失败的另一个原因是乙的表达方式存在问题。在沟通中，我们要明确地知道，一方没有听懂，一定是另一方的表述有问题，而不是听的人有问题。所以上述案例中，乙的表述存在严重的问题。当我们在面对对方的“吐槽”时，为了安抚对方的情绪，我们首先要表示对对方的理解，然后再具体分析问题。否则，就容易出现案例中的情况，最终导致沟通失败。

除了以上两点外，在沟通的过程中，为了让对方明白和清楚我们的谈话内容，我们还需要注意自己的语气和语调，并且要将自己的表达具体化。例如，在表达自己不认同的观点时，也要保持平和的心态，并且要将自己不认同的原因一一阐述出来，让对方明确知道我们的观点也是有理有据的。这样对方才能感受到我们的真诚，沟通目的才有望顺利达成。

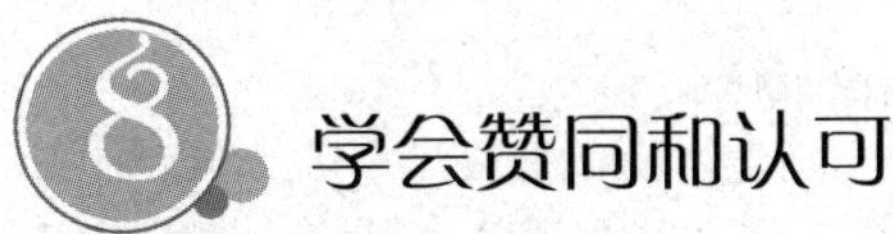

8 学会赞同和认可

学会赞同和认可，是构建友好关系的前提，也是让沟通顺利进行的前提。但是，在传统的人际沟通模式中，并没有人意识到赞同和认可的重要性。这主要是因为，在传统的人际沟通模式中，人们更多关注的是自己，而不是对方。他们在意的是怎样才能让对方赞同和认可自己的观点，而不是学会赞同和认可对方的观点。而这种单向的思维模式很难让双方之间建立友好的关系，进而导致沟通无法顺利进行。

所以说，在沟通中，我们首先要明确地知道，反对这件事情是人人都可以做到的。但是，学会赞同和认可别人这件事情，只有真正的智者才能做到。尤其是当对方观点和我们不一致或者对方犯错误的时候，

我们学会赞美对方，不仅能给对方莫大的鼓舞，也能使沟通顺利进行。因此，教练式沟通认为，要想促进有效沟通，处理好人际关系，就需要具备智者的思维，懂得把握时机，并掌握一定的技巧，学会赞同和认可对方。

（1）培养自己赞同和认同他人的意识

要想巧妙地处理好人际关系，学会“赞同和认可”这门艺术是必要的。但是在传统的人际沟通中，我们很少会赞同和认可对方。这主要是因为我们的主观思维比较强烈，没有赞同和认可他人的意识。因此，为了改变这种情况，我们需要刻意培养自己这种意识。

例如，在平常的人际沟通中，当我们认为对方的想法很优秀的时候，千万不能吝啬自己的赞美和认可，如我们可以说“你的想法很有创意，我赞同”“这简直太棒了，我觉得一定可以的”。当我们有意识地培养这种态度的时候，自然而然在沟通中就会学会赞同和认可他人。

（2）明确表达你赞同对方的理由

赞同他人，不能只是简单说一句“我同意”“很棒，我认可”，这样单调的赞同和认可，显然会让对方觉得你在敷衍他，不但不会鼓舞对方，反而会让对方失去继续表达的信心。所以，赞同和认可他人的时候，一定要明确表达赞同和认可的理由。

某公司的月末总结会议上，领导对团队一名员工的月末总结工作汇报十分满意，并在会议上公开表示赞同和认可。但是，领导并没有明确指出，该员工的工作汇报具体好在哪儿。于是，有员工私下聊天说：“我看老板就是偏袒，月末工作总结不都一样嘛，还能好到哪里去。”还有员工直接问领导：“领导，那好的工作汇报是什么样的，我们下次也好参考参考，争取做到更好。”领导回答说：“他的工作汇报逻辑清晰，没有太多啰嗦的话，我只要随便扫一眼，就知道他这个月究竟做了哪些事情，哪些地方存在问题，哪些地方表现优秀等。”领导话音未落，其他同事纷纷点头表示赞同和认可。

该公司的领导在第一次赞同和认可自己的员工时，没有明确表达赞同对方的理由，因此引起了其他员工的不满。而第二次，明确表达赞同和认可该名员工的理由后，大家都纷纷赞同和认可。所以说，在赞同和认可对方的时候，一定要表达充分的理由，否则，不但会让周围的人认为你在偏袒，被赞同的人甚至也认为你的赞同是一种敷衍。

（3）委婉说明自己不赞同的原因

在传统的人际沟通模式中，当人们遇到自己的观点与对方观点不一致的时候，我们常采取的措施是，立即反驳对方，甚至会在对方还没有表达完自己的观点的时候，就打断对方的话说“你这种观点明显不对”“我不赞同你的想法，过于片面”。这种反驳不仅是对对方极大的不尊重，还会导致沟通终止。

所以，教练式沟通认为，真正的智者懂得，在对方的观点与自己的观点不一致的时候，还能表达赞同和认可。但是，当我们真的认为对方的观点存在极大的问题时，我们可以选择表达自己不同的观点，但是切记不能像上述案例中那样直接反驳，而应该委婉表达不同的意见，并表示自己不赞同的具体原因。

小周和小陈是两位关系很好的闺蜜。小周认为自己的身材偏胖，所以一直采用节食的方法减肥，并将节食减肥这一观点传递给小陈。但是在健身房坚持锻炼一年的小陈，显然是不认同节食减肥这一观点的。但是顾及对方是自己的闺蜜，不能直接反驳对方的观点。如果反驳的话，会让她备受打击，不愿意再减肥。于是小陈说："节食减肥的方法是可以的。但是我觉得运动加节食减肥更好。不过这个节食并不是不吃饭，而是科学控制自己的饮食习惯。所以，我觉得你的节食减肥加上我的运动减肥，才是绝配。"小周听完很高兴地说："这么说你认可我的方法喽，那我也要去健身房，一边控制饮食，一边运动，双管齐下。"

我们不妨试想一下，如果小陈直接说"节食减肥是最不科学的办法，只有运动才能减肥"，那么小周肯定会生气，不愿意跟小陈继续沟通，甚至会因此影响双方的友谊。而实际上，小陈首先是赞同和认可了小周的做法，并提出了自己更好的改进意见。其实，这就是一种很委婉的表达不赞同的方式，并且在这个过程中，详细表明了自己不是很认可的原因。这种做法既不会让对方的自尊心受到打击，反而会让对方认为你给了她更大的鼓舞，进而会促进沟通顺利进行。

所以说，在教练式沟通中，要想处理好人际关系，拉近彼此之间的距离，我们就需要掌握"赞同和认可"这门沟通艺术。而赞同和认可他人的根源，归根结底，就是人们喜欢得到别人的赞同，不喜欢对方直接反对自己。所以，懂得赞同和认可更容易建立友好关系，促进沟通目的达成。

9 不要直接阐述，让别人替你说话

无论是在实际的沟通中还是工作上的沟通中，我们常听到的一句话是"让你的能力替你说话""让你的业绩替你说话"。其实，很多时候，在沟通中，我们为了证明自己，喜欢找各种证据，但是这些“空口无凭”的证据，往往没有第三方证据更有说服力。例如，在生活中，你觉得你有多厉害，那么你可以拿自己实际中取得的成就来说话。在工作中，你想向老板证明自己，最好的方式就是，拿你的业绩说话。

同样，在人际沟通中，教练式沟通认为，要想让对方信服自己，达成沟通目的，最好的方式是不要直接阐述自己的观点，而是引用第三方的观点，让对方替你说话。当对方开始替你说话的时候，说明第三方已经深入研究了你的观点和想法，并且赞同和认可你的想法。这时候，对于第二方来说，你的观点和想法的可信度就更高，更容易得到对方的信任和认可，进而让沟通顺利进行。所以说，这是促进有效沟通最好的方式。

（1）不要直接阐述，让第三方替你说话

在传统的人际关系中，很多人在表达自己观点的时候，喜欢全面、充分阐述自己的观点。主要是因为，我们想把自己的观点和想法，全部传递给对方，并得到对方的赞同和认可。但是，我们仔细想想，我们所表达的观点，毕竟都是站在自己的立场上的，很难让对方完全取信于我们。而且对方的不认可，也完全是情理之中的事情。

例如，产品推销员推销新产品。他们要向我们推销新的产品，就必须要将产品相关的知识，全面地表达给我们。但是，我们知道，作为产品推销员一定会放大产品的优点，所以我们会怀疑，这个产品真的有推销员说的这么好吗？因此，会出现有的人会选择相信推销员，有的人不愿意相信推销员的情况。不相信推销员的人并没有错，因为单单凭借推销员的说法，根本不足以证明产品的优点。所以，后来出现了明星代言的广告。而这种明星代言的方式，就是通过第三方比较有公信力的人物告诉你产品很好。那么这个时候，那些一开始持有怀疑态度的人就会慢慢选择去相信产品的功效，产品的销量自然就带动起来了。

其实，这种明星代言广告的模式，就是避免自己的阐述不能取信于对方，而让第三方替你说话的方式。在我们平时的社交沟通中，也是如此。我们说得天花乱坠，未必能够让对方相信，但是如果通过第三方来说的话，效果就完全不一样，可信度会更高，更容易改变对方的想法。

（2）学会引用别人的观点，即便对方不在场

在沟通，我们常在表达观点，特别是表达对自己有利的事情时，很容易让对方怀疑我们所说的话。其实这种怀疑在心理学上是一种很正常的心理现象。但是，这种现象很不利于沟通顺利进行。因此，在沟通中我们要学会改变这种现象，获取对方的信任。而最好的方式就是让第三方站出来替我们说话，就像上述案例中的明星代言广告的明星。但是很多时候，沟通只有双方在场，第三方不在场，那么这个时候该如何让对方相信我们所说的话呢？这就需要我们学会引用别人的观点，即便这个人不在场，但是这个人的观点可以取得对方的信任。但是需要我们注意的是，这里的第三方观点一定是客观、可靠的，也就是说，这个人的观点是沟通中的双方都认可的，而并非一方很熟悉，而另一方很陌生的观点。如果是这样的情况，第三方的观点也是没有任何可信度的。

例如，我们在跟对方谈论学习需要不断复习才会学到更多的知识。但是对方并非能完全认同我们的观点，那我们可以引用我国古代著名的教育家、思想家孔子曾经说的“温故而知新”这句话。这句话表达的意思就是温习旧的知识，能从中获得更多新的知识。孔子的这句话，绝大多数人都是知道并且认可的，这一点是沟通双方的你和我都无法反驳的。

首先，当第三方不在场的时候，我们要学会引用他们的话。但是这些话一定是受到大家认可的，如上述案例中孔子所说的话。其次，要引用正面的话，而不能引用一些负面的案例来论证自己的观点，否则即便达成了目的，对方也会对你失去信任，因为你连最基本的道德素

质都不具备。

在沟通中，让别人替你说话，就是换由第三方的角度来阐述自己的观点。这种借第三方阐述观点的方式，其实就是让对方证明“我是对的”，我所说的是有根据的。这样，对方对你的信任感就会更强，更愿意跟你继续沟通。所以说，在沟通中，我们要学会让第三方站出来替我们说话。如果第三方不在场，我们也要学会引用他们的观点来例证自己的说法，进而取得对方的信任，让沟通顺利进行。

第8章 家庭沟通：如何处理好家庭关系

家庭成员之间的沟通，是构建现代和谐家庭的关键问题，但是也是我们最容易忽视的问题。在传统沟通中，很多人采取的沟通方式是跟家人讲道理、争吵等，很少会跟家人表达爱和感谢，最终导致家人之间的关系疏远，严重的甚至会导致家庭破裂。所以，促进家庭沟通，处理好家庭成员之间的关系，也是人际沟通中需要解决的关键问题。本章通过相关案例具体讲述了家庭沟通中存在的一些问题，如暴力沟通、表达愤怒、争吵等，并提供了具体的方法来解决这些问题，让家庭沟通能够更加和谐，家庭关系更融洽。

1 家不是讲理的地方

在人际沟通中，人们最为重视的是职场沟通和社交沟通，而最容易忽视的反而是跟自己关系最为密切的家庭沟通。大多数人认为，在家里跟家人沟通，不需要在乎太多，因为家里人懂你，即便你做错了，他们也会选择原谅你。如果家人因此生气，我们可以跟家里人讲理，直到家人原谅我们。但是实际上，家并不是讲理的地方，家是讲爱的地方。所以，对于跟自己关系更亲密的人，我们更应该处理好与他们之间的关系。因为，家是我们的港湾，当我们在外面处理不好其他关系的时候，回家还有更好的依靠。如果连家庭关系都维系不好，其他关系就更不用说了。

因此，教练式沟通认为，处理好家庭关系，是人际沟通必不可少的环节。当跟家里人发生冲突或遇到解决不了的问题时，我们切忌用外面沟通的方式来跟自己的家人讲道理。因为家人更需要的是爱。其实，在所有人际关系中，处理家庭关系是最简单的，我们不需要讲道理，不需要找到很多说法，证明自己是对的，我们只需要让他们知道“我是爱你们的”就足够了。

（1）先讲理，再讲爱

家不是讲理的地方，其实是相对而言的。换句话说，在家里讲爱才是最有效的沟通方式。道理其实就是一种规范的说话方式，能够有效解决矛盾和冲突。当我们遇到问题时，首先都需要讲道理，家庭也不例外。所以说，处理家庭成员之间的关系并不能完全抛开道理。

但是，处理家庭成员之间的关系，也与其他关系不同。它更多需要的是爱和包容，而不是大道理。所以，当我们跟家庭成员产生矛盾和冲突时，我们要先把道理说明白，然后让对方感受到我们的爱。例如，小孩犯了错误，我们不能不讲道理只讲爱说“没关系，妈妈爱你”。我们需要先说“你这样做是不对的。但是没关系，你可以改，妈妈爱你，也相信你下次一定会做得更好”。第一种处理方式很可能会因为溺爱，导致小孩子下次继续犯错误，因为爱蒙蔽了他的双眼，没有让他认识到自己的错误。而第二种，同样是爱，但是这种爱给了他信心，他下次一定会改正错误，力争做得更好。所以，在处理这种家庭关系时，我们要先讲理，再讲爱。

（2）少讲理，以情爱治家

很多人处理家庭关系的时候， 喜欢把在社会上讲的那套理论带回家。但是发现，家里人根本听不进这些。尤其是当我们跟自己的爸爸妈妈讲这些道理的时候，他们不但不听，反而觉得我们是胡说八道。而每当这个时候，我们就会觉得跟爸妈之间存在很深的代沟，便不愿意继续跟父母沟通。甚至会因此跟父母之间产生很大的隔阂，此后有事会选择沉默，连道理都不愿意再讲。以上这些是很多中国家庭中常见的现状。而要改变这一现状，我们就需要明确地知道，家，不是一个需要你讲大道理的地方，家更需要的是讲情和爱。

陈某新婚后跟婆婆住在一起，刚开始的时候，大家相处都很融洽，婆婆对陈某也是百依百顺。但是一个月后，陈某发现不对劲，婆婆总是喜欢说一些难听的话。例如，有一个周末，陈某心想，好不容易休假，如果不睡个懒觉都觉得对不起放假的时光。但是早上八九点的时候，婆婆就一直在房门口敲门，让他们起来吃早饭。敲了很久不离去，陈某有点生气，说："不吃了，睡会儿觉行不行？"婆婆站在门口大声回应说："吃了饭再回去睡不行吗？年纪轻轻的经常不吃早饭对身体不好，睡太久也不好。"陈某听完之后很生气，对身边的老公说："你妈怎么不讲理，你就不能给你妈说说理吗，这家真是没法待了，觉都不让睡。"

试想一下，如果老公推开门去跟自己的妈妈讲道理，说年轻人要睡觉。那么这时候，妈妈肯定认为儿子跟自己讲道理，说明自己存在问题。但是妈妈的说法并没有错，那么妈妈肯定会觉得自己委屈，会生气。但是如果老公跟自己的妻子说，妈妈也是为了你好，但是一心想睡觉的妻子根本听不了这种大道理，会觉得老公是为了偏袒自己的妈妈，很可能会跟老公产生冲突。所以说，这种时候讲理是没有任何作用的。那么如何解决这个问题？这就需要双方在平时的生活中，多关爱对方，动之以情，而非晓之以理。当感受到对方的爱之后，我们不需要对对方讲道理，自然就会变得更加体量和理解对方，矛盾自然就化解了。

（3）多体谅包容家人，不要求全责备

有人曾经说过这样一句话：要维持一个家庭的融洽，家里就必须要有默认的宽容和谅解。还有人说，家是唯一隐藏人类缺点与失败，同时也蕴藏着甜蜜之爱的地方。所以说，在面对家人，处理家庭关系的时候，我们要懂得去爱他们，而不是拿道理反驳他们。

也就是说，在跟家人相处的过程中，我们要多体谅包容自己的家人，不要求全责备。例如，当我们的想法跟爸妈发生冲突的时候，我们不能说爸妈是老思想，认为他们不懂自己。我们要知道，一代人有一代人的生活方式和思维方式，你认为爸妈不懂自己，但是你也未必懂自己的爸妈。所以说，沟通是一个相互的过程，如果有问题，一定是双方都

存在问题，而不能将问题推给对方。所以，在家庭沟通中，我们同样要懂得换位思考，站在家人的角度去思考问题。此外，我们要知道在家庭关系中，无论是谁对谁错，我们都只需要点到为止。因为家庭关系中，更多强调的不是对错，而是包容和爱。只有爱，才能让家庭成员之间维系更亲密的关系。

综上，在家庭沟通中，我们要明确，爱占据了最大的部分。因为，从我们出生开始，沐浴到的第一份爱就是家庭给的。这种爱会给我们安全感，给我们信心和勇气，去处理好外面的各种复杂的人际关系。也就是说，处理好其他关系是建立在家庭关系的基础之上。因此，教练式沟通认为，一定要学会处理好家庭关系。而处理家庭关系最好的方式就是，我们需要多讲爱，少讲理，多包容和理解自己的家人，让家庭关系更加融洽。

2 不要和家人“暴力沟通”

越是与我们关系亲近的家人，我们越不会好好说话，甚至很多时候会把在处理其他人际关系时受到的气都撒在家人身上。换句话说，大多数时候我们跟家人之间采取的沟通模式是“暴力沟通”。但是，久而久之，我们会发现，这种粗暴的沟通方式会将我们跟家人的距离越拉越远，产生越来越多的隔阂，最后甚至会导致家庭关系破裂。所以，为了改变这种情况，教练式沟通认为，不要和家人“暴力沟通”。

但是，对于一直以来跟家人沟通都不是很在意的我们来说，似乎一时间很难改变自己习惯的沟通模式。然而，我们必须知道，家人对我们充满了无限的爱，如果我们一味肆无忌惮消耗这份爱，这份爱迟早会消失殆尽。这种现象是极其恶劣的，可以说我们在亲手毁灭自己温暖的港湾。所以，为了避免这种情况发生，我们要明确地认识到暴力沟通给家人带来的伤害，进而停止和家人“暴力沟通”。

(1) 暴力沟通，只是看起来很有效

在传统的家庭教育中，盛行这样两句话“棍棒底下出孝子”“不打不成才”。其实这就是典型的暴力沟通，但是很多人却将这两句话奉为真理，并在生活中践行。

例如，有的家长认为孩子不听话，不努力学习是自己管理不够严厉。于是，当孩子不认真写作业的时候，就会大声呵斥，严重的甚至会动手打孩子。于是，在家长的这种暴力沟通下，孩子为了免于责罚和挨打，不得不乖乖听话，认真完成作业。但是，这种听话并非发自内心的，只是为了应付暴力沟通不得不采取的措施。所以，这种认真其实是一种假象，对于提高学习成绩没有任何效果，但是家长却沾沾自喜，认为自己的暴力沟通成效显著。

因此，为了改变这种现象，我们需要认识到，暴力沟通其实不能解决本质问题，并且会让问题发展越来越严重。例如，上述案例中，当家长采取暴力沟通方式解决问题时，必然会让小孩产生逆反心理，一旦家长不在身边，小孩就会想方设法摆脱学习。也就是说，家长的暴力沟通不但不会让小孩努力学习，反而会让小孩厌恶学习，觉得学习才是他痛苦的根源。所以，这种暴力沟通方式是不可取的！

（2）暴力沟通，影响身心健康

在跟家人的沟通中，我们几乎每天都会看到无处不在的“暴力沟通”。例如，当作业没写好的时候，妈妈会说“我没有你这么懒的儿子”；当自己选择的工作父母不满意的时候，他们会说“没想到养了一个这么没出息，不争气的孩子”；当父母不理解我们的时候，我们会说“真是老古董思想，跟不上时代”……这些言辞，都是家庭沟通中最常见到的。很多人认为，在家人面前这么说也是爱家人的表现，不会太在意家人的感受。但是这种过于负面情绪的语言表达会潜移默化地给家人带来负面影响，进而严重破坏家人之间的关系。

所以，为了处理好家庭关系，我们要明确，暴力沟通是解决不了任何问题的，并且这些激烈的言辞和行为，会给我们的家人造成严重的伤害，会打击他们的自尊心和自信心，让他们不敢再继续表达自己，甚至会因此倍感压力，进而影响心理健康。

此外，在这种暴力沟通下，很多人会进行自我批判和产生自我怀疑。例如，当我们的父母说我们没有出息的时候，我们很可能会反思自己是不是真的那么没有出息，那么失败。这种反思很多时候并不会让我们更加有动力，反而会让我们选择自我放弃。久而久之，我们的情绪会变得更加抑郁和焦虑，甚至不愿意再跟人继续沟通。而且这种情绪会蔓延到各种社交关系中，进而影响我们的生活，给身心造成巨大的伤害。

（3）暴力沟通，无法满足对方的需要

当我们在跟家人沟通的时候，往往因为不在意对方的感受，无法明确对方需要什么，更无法意识到我们其实不用通过暴力沟通来满足对方的需要，而导致沟通失败。例如，上述案例中提到，家长为了让孩子努力学习，采取暴力的沟通方式，并没有取得任何成效。这就是因为，呵

斥和责骂无法满足对方的需求。

任何沟通都是有目的、有需求的。案例中，家长和小孩之间的沟通是为了促进小孩努力学习。那么这只是家长的需求，小孩的需求是什么家长并不明确，更不懂得去满足小孩的需求，所以导致双方之间产生矛盾。而矛盾产生后，家长并不在意孩子的需求，而是选择用暴力沟通解决问题。但是，教练式沟通认为，要想有效达成沟通目的，就需要了解对方的需求，并满足对方的需求。例如，作为家长可以询问小孩，是什么导致小孩学习成绩不好，家长应该提供什么样的帮助。这个时候，小孩会将自己的需求具体表述出来。如果需求合理，家长能满足这种需求，那么这种沟通模式必然会比暴力沟通有效果。

综上，我们能够认识到，暴力沟通并不能帮助我们解决家庭中产生的任何问题。所以，为了避免这种沟通模式给我们的身心造成严重的伤害，影响家庭关系，我们需要改变以往传统的沟通模式，利用非暴力沟通与家人沟通，进而构建和谐的家庭关系。

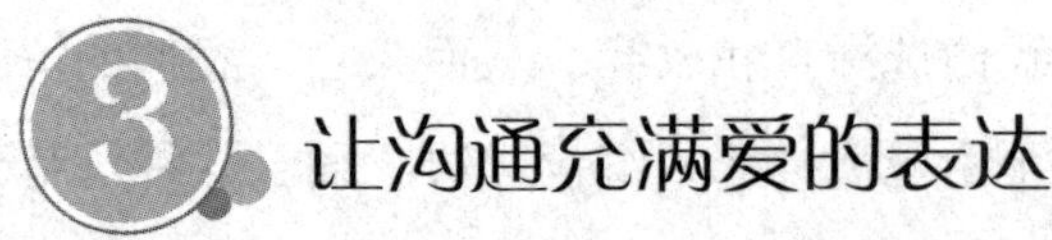

3 让沟通充满爱的表达

在与家人的沟通模式中，我们很难意识到自己的沟通是“暴力”的，但是我们在跟家人沟通中，使用的一些激励语言，如“你们这个年代的人不懂我”“不要觉得自己年轻，就为所欲为，没有教养”等，就是典型的暴力沟通。这些语言都会给家人造成很大的伤害，甚至会严重影响家庭关系。因此，为了处理好家庭成员之间的关系，我们要改变自己的“暴力沟通”。

在家庭沟通中，改变这种暴力沟通最好的方式就是让沟通充满爱的表达。因为，家是一个最有爱的地方，如果我们对家人一味地使用暴力，其实就是在肆无忌惮消耗这份爱。世界上很多资源是有限的，爱也是如此。如果我们不珍惜自己家人给予的爱，而是肆无忌惮消耗他们，总有一天这种爱会消失殆尽，有效沟通也就无从说起。所以，教练式沟通认为，在家庭沟通中，拒绝暴力沟通最好的方式就是让沟通充满爱。

(1) 明确沟通的核心，因爱发声

在家庭沟通中，我们要明确地知道，沟通的核心是“爱”，无论发生什么事情，我们要因爱发声。例如，当我们毕业选择的工作跟父母的理想工作不一样而产生冲突的时候，我们不要一味斥责父母思想观念陈旧，跟不上新时代，更不能不跟父母沟通，摔门就走。我们要让父母知道，我们选择这份工作的理由是什么，我们未来想要的是什么。例如，我们选择设计，我们可以跟父母说，“我最擅长的是设计，虽然很累，但是我的梦想是成为一名有名的设计师，希望减轻你们的家庭负担，给你们更好的生活。”这样一说，其实选择工作的核心还是“爱”，而且当我们耐心跟父母解释的时候，也是一种爱家人的体现，父母自然会理解我们。所以，解决跟家人之间的冲突，要懂得利用非暴力沟通模式。

(2) 拒绝负面评价，多鼓励对方

在传统的家庭沟通模式中，我们常常会使用负面评价词。例如，因为成绩不好父母会评价孩子“你这种学习成绩，不可能考上本科学校的”；或者当我们做错了某件事的时候，家长评价我们“一点用都没有”。这些负面评价我们肯定不愿意听，而且会认为家人对我们没有爱。

因此，教练式沟通认为，要想处理好家庭成员之间的关系，就需要拒绝给家人负面的评价，要体会家人的感受，多鼓励对方，让对方更有

信心去处理自己遇到的事情。例如，当孩子的学习成绩不好时，我们要知道，其实孩子也希望自己的成绩好，考上自己理想的大学。那么这时候，我们需要鼓励他“你一定可以的。现在离高考还有两年，一切都来来得及”。这样说会让小孩感觉到家长的爱，也会因爱发力，努力学习，争取考进理想的大学。

（3）拒绝讽刺和鄙视，敢于表达自己的需求

在跟家人的沟通中，很多时候，因为顾及对方的感受，不愿意直接表达自己的想法，而通过一些间接的语言和行为来讽刺和拒绝对方。有人认为这种方式比较委婉，其实这种方式，往往会给对方造成很大的伤害。

一对夫妻，丈夫很注意卫生，但是妻子却恰恰相反。为了满足丈夫对卫生这方面的需求，妻子也渐渐学会拖地、洗衣服。但是对卫生要求比较高的丈夫并不满意妻子做的这些。有一天，丈夫在沙发上看电视，妻子在一旁拖地，拖到沙发边上的时候，妻子让丈夫抬起脚，丈夫这个时候却说：“你看看你，拖得一点都不干净，就是装模作样而已。”听完丈夫的话，妻子特别生气，丢下拖把说：“你自己拖得干净，以后你自己拖。”

丈夫的话很明显是在讽刺自己的妻子，所以会让妻子特别生气。如果丈夫能够明确具体表达自己的需求，或许结果就不一样了。例如，丈夫说“老婆真是越来越能干了，可能因为你力气比较小，很多脏的地方没法一下拖干净，需要再拖一遍。”丈夫首先夸了妻子，说明丈夫是爱妻子的；其次，也明确表达了自己的需求，觉得拖得不干净，需要再拖一遍。跟前面所表达的是同一种需求，但是这种说法不但不会让妻子生

气，反而会让妻子开心，愿意再拖一遍。所以，在跟家人沟通中，首先一定要讲爱，然后再明确、具体地表达自己的需求。

（4）敢于承担错误，不做无谓的辩护

在家庭沟通中，我们在自己犯错的时候，很少承认自己的错误，反而会找各种理由，为自己辩护。例如，上述案例中，当丈夫说妻子拖地拖得不干净的时候，妻子想到的一定是用自己的理由进行自我保护，而不会选择轻易承认自己的错误。例如，妻子很可能会说“我每天上班那么辛苦，回家还伺候你跟孩子，我多累啊”。这时候丈夫会觉得自己为这个家付出的所有被妻子忽略了，必然会找理由反击。这样一来，双方就会发生激烈的争吵。这种沟通模式，就是典型的暴力沟通。

所以，教练式沟通认为，充满爱的表达，一定要敢于承认自己的错误，不做无谓的辩护。例如，上述案例中，当丈夫认为妻子拖地拖得不干净的时候，妻子首先要确定，是不是自己真的拖得不干净，如果是，那我们要承认自己的不是并向对方说明原因。例如，妻子可以说“我每天上班好累，回来还要照顾小孩，已经没什么力气拖地了”。听到妻子这样说之后，丈夫肯定不会反击，反而会自我反思是不是自己的表达方式不对。或者丈夫会直接采取行动，自己拖地。我们会发现，当我们敢于承认自己错误的时候，沟通就充满了爱的表达。

（5）拒绝冷暴力，用爱温暖你的家人

提到暴力沟通，我们最容易想到的是“冷暴力”。所谓的“冷暴力”，就是在沟通中，双方都不采取激烈的言辞和行为，而是选择沉默的方式来应对。表面上看这种方式比较温和，实际上这种沟通方式的杀伤力最强。例如，上述案例中，妻子选择不回应丈夫，而是丢下拖把，直接回房间锁上门。而这时候，对丈夫来说就是一种心理摧残。

因此，为了避免这种冷暴力伤害自己的家人，我们应该学会用爱温暖家人。例如，妻子可以向丈夫说明自己的难处，妻子可以说“我真的很累，但是我还是想给你们一个干净的家，所以，再累我也想拖一下，总比不拖好”。这句话中，妻子表达了对家人的爱意，所以，即便妻子拖地不干净，丈夫也不会责怪妻子，反而会懊恼自己所说的话。

所以说，在跟家人沟通的时候，我们要以爱为核心，拒绝给家人负面的评价，拒绝讽刺和鄙视，敢于向家人承认自己的错误，拒绝使用冷暴力伤害自己的家人。总而言之，与家人沟通，一定要充满爱意。

体会对方的感受和需要

在传统的家庭沟通模式中，我们很少会在意对方的感受和需要，关键的是，我们也很少会向对方表达自己的感受和需要。通常情况下，我们在表达自己想法的时候会说“我觉得”“我认为”，这种表达只会让对方了解你的想法，对方并不知道你的感受，所以很难理解你。此外，我们很少会明确，具体表达自己的需求，导致在沟通的过程中，对方并不知道我们需要什么，进而导致沟通目的无法达成。

因此，为了改变这种情况，教练式沟通认为，要想实现非暴力沟通，我们就需要体会对方的感受和需要，进而更加理解对方，并满足对方的需求，促进沟通目的达成。

（1）学会观察，在意家人的感受

在跟家人的沟通中，我们最常做的是，无论自己对错与否，最重要的事情就是先发泄自己的情绪。换句话说，我们只在意自己的感受，从不在意家人是否能接受这些。所以为了避免这种情况发生，我们要学会观察身边发生的事情，并清楚地说出观察结果。而在描述结果的时候，一定要客观，过于主观很容易激化矛盾。

例如，小时候，父母总是让我们不停地写作业，不允许我们玩。我们总觉得父母在控制我们。特别生气的时候，我们会跟妈妈说："你就只知道控制我，我一点自由都没有。"而这句话其实就是从自己的角度出发的，是一种主观的描述。妈妈听后肯定会很伤心，并会找理由反驳你，最后双方肯定会产生激烈的争吵。

但是，如果你换一种角度，用客观描述的事实去说，如"小的时候，你不让我出去玩，要我学画画，学钢琴，现在我都高中毕业了，你还让我每天待在家里，不让我交朋友"。这样一说，妈妈就不会立马生气反驳你，反而会自我反思，是不是自己真的做得不对。而让妈妈反思的原因就是我们所描述的是一件客观存在的事实。所以说，非暴力沟通关键的一步就是要学会观察，并客观陈述身边发生的事情。

（2）表达自己的感受而不是想法

在传统的家庭沟通中，当我们跟家人发生冲突时，我们会费尽心思跟家人说明自己的想法，并极力希望家人能够理解并支持自己。但是，往往这个时候，家人会指出我们想法的诸多漏洞，认为这些想法不切合实际，不但不会支持，反而会极力反对。导致这种问题产生的原因是，我们在表达自己的时候总喜欢说"我觉得……""我认为……"。这个时候，对方只知道你的想法，并不知道潜藏在这种想法背后的感受，所以别人很难理解你。因此，为了避免这种情况发生，教练式沟通认为，在跟家人沟通的时候，我们要学会表达自己的感受，而不只是自己的想法。

以上述"父母喜欢控制自己"的案例来说，如果我们跟父母说"很多时候，我都觉得自己不是你亲生的”，那么这个时候，父母一定会很生气，并会狠狠将你批评一顿，因为你表达的是自己的主观想法，而且这种想法跟他们完全不一致。但是如果这时候你说“我觉得这样真的很痛苦，我都没有什么朋友”，那么父母就会在意你的感受，并会深刻反思，他们是不是真的做错了，才会让你有这么痛苦的感受，并且会积极采取行动，消除你的这种感受。所以说，跟家人沟通的时候，表达感受比表达想法更重要，更能促进沟通顺利进行。

（3）把你的具体需要说出来

任何沟通都是有目的的，跟家人之间的沟通也是如此，是为了让对方满足自己的需求，达成沟通目的。所以，在家庭沟通中，我们也需要说出自己的需求。但是，仅仅说出自己的需求还不行，因为很多时候，同种需求对方也会给出不一样的满足需求的方式。例如，我们跟父母沟通想要自由，根本目的是跟朋友出去玩，但是父母可能会让你少写一点作业。这种做法虽然也是满足了“自由”的需求，但是并不是我们真正想要的。

所以，在提出需求申请的时候，还需要具体说明。例如，上述案例中，我们的需求是摆脱妈妈的“控制”，选择自己想要做的事情。那么我们可以跟妈妈说：“我今年已经18岁了，是一名准大学生了，我希望你能相信我，无论是学习还是以后的工作，我都能做好自己的决定。”这样的话，我们就很明确地将自己的需求说清楚了。

所以，总的来说，跟家人沟通，首先，要明确沟通的核心是爱；其次，要学会观察，并客观描述事情；再次，要学会向家人表达自己的感受，而不是一味说明自己的想法；最后，要明确、具体地向家人提出需求。这样做，能够减少跟家人之间的矛盾和冲突，并且会让家人感受到更多的爱和理解，沟通目的自然会更加顺利达成。

5 在家中如何表达愤怒

在日常生活中，我们经常会因为各种各样的事情感到愤怒。大多数情况下，人们认为愤怒是一种负面消极的情绪，所以会刻意去克制这种情绪的产生。尤其是在面对家人的时候，我们会认为，要表达对家人的爱，就要克制自己的愤怒。但是很多时候，愤怒情绪不一定是负面的，反而会给人一种积极的影响。但是如果过于积压这种情绪，一定会让情绪变得更加负面，最终影响沟通效果。

何为愤怒？愤怒一般是由我们的思维方式造成的，愤怒的核心是我们的需求尚未得到满足。例如，当我们跟对方约定了具体的时间见面，但是一个小时后，这个人还是没有出现，并打电话跟自己说“不好意思，我临时有事，去不了，改天吧”。这个时候，我们的内心一定会极度愤怒，因为我们的需要没有得到满足。所以说，换个角度来思考，愤怒其实是一种比较有价值的情绪，因为它可以提醒我们这些需求没有得到满足。当我们的需求没有得到满足时，我们就会产生强烈的心理动机，进而动机会支配行为，去满足自己的需求。因此，教练式沟通认为，在家庭沟通中，我们要学会表达自己的愤怒。

（1）让自己冷静下来

当不能满足自己的需求时，我们会感到愤怒，一旦愤怒我们会选择责备自己或责备他人。通常情况下，首先会指责对方。

一次家长会上，一名家长跟自己的孩子约定会准时到学校开会。但是会议从开始到结束，家长都没有出现。这个时候，孩子特别生气，打电话指责自己的家长："约定好来学校开会，结果会议结束还没有看到你的人影，全班就我的家长缺席。如果你真的很忙，要处理自己的事情，你能不能提前说啊。"还没等自己的爸爸说话，小孩就挂断了电话，一个人在电话这头哭了起来。后来才知道，爸爸那天为了处理工作上的事情，走不开，又来不及通知家里其他人去参加家长会。

很明显，小孩误会了自己的爸爸，爸爸并非故意不去参加自己的家长会。所以，为了避免这种不必要的误会产生，导致家人的关系疏远，我们在遇到类似的情况时，首先要保持冷静。因为，人在愤怒的时候，情绪很容易激动，思考问题的时候会比较主观、片面，而且言词也会比较激烈，很容易对家人造成严重的伤害。因此，在愤怒时，我们一定要冷静下来，跟自己说"不能冲动"，要保持冷静的头脑，最后等自己愤怒的情绪缓和之后，再去处理事情，这样会让沟通变得更加顺利。

（2）找到让自己生气的原因

在我们愤怒至极的时候，我们最想做的事情就是把对方痛骂一顿。但是，痛骂这种暴力沟通的方式根本解决不了任何问题。在家中表达愤怒的时候，一定要知道自己为什么生气。例如，上述案例中，小孩因为家长没有去参加家长会，并且全班只有自己的家长缺席而感到特别愤怒。那么，这时候愤怒的原因就很明显。当我们找到原因后，我们就可以将指责的"暴力沟通"转化成非暴力沟通，如小孩可以跟自己的爸爸说："你迟到了很久，我一直在等你来参加家长会。班上只有我的家长没有来，我很失落。我需要爸爸尊重我，尊重我的时间。如果下次遇到类似的情况，我希望你一定要跟我说明一下，或者跟老师说一下。"这样一说，家长一定会反思自己的行为是不是伤害了自己的小孩，并会改正这种行为。如果是暴力沟通，家长一定认为小孩不懂事，不理解家长，最终双方会陷入争吵的局面，沟通必然失败。

（3）明确表达自己尚未满足的需要

在家中表达愤怒的时候，跟平时沟通一样，也需要明确表达自己的需要。例如，上述案例中，如果小孩说："你太让我生气了，真的没法原谅你。"那么这个时候，不仅是小孩愤怒，也会激怒家长。当双方都变得愤怒的时候，沟通必然无法进行下去。而且这只是单纯表达情绪的语言，无法让家长明确地知道，自己究竟要如何做，才能化解小孩的愤怒。

所以，在家中表达愤怒的时候，一定要明确自己的需要。例如，小孩可以说："我需要爸爸尊重我，希望爸爸下次不要再迟到了，或者有事一定要提前说。"或者小孩可以说"你迟到了，我想你带我吃大餐弥补"。这样家长就会知道，具体要如何去做才能消除小孩的愤怒，进而能够让沟通目的顺利达成。

（4）表达自己的感受

在表达愤怒的时候，同样要明确表达自己的感受而不是想法。例如，上述案例中，如果小孩在愤怒的时候跟家长说："我觉得你真的很不负责，是一个不称职的家长。"那么，这个时候，家长一定会被这种暴力语言激怒。也就是说，沟通变成了双份愤怒。这种情况下，沟通必然很难顺利进行。

所以，教练式沟通认为，在家中表达愤怒的时候，也要表达自己的感受，而不是一味表达自己的想法。例如，当小孩特别愤怒的时候可以说："爸爸，你没有去参加我的家长会，我真的很难过。而且其他学生的家长都去了，就只有我是一个人，我当时特别失落。"当小孩这样说之后，家长一定会自责，即便自己真的因为有事走不开，还是会无比愧疚，并且会认真反思，纠正自己这种行为。

综上，我们知道，在教练式沟通中，表达愤怒并不是大声宣泄自己的情绪，对自己家人发火，因为这些都不能解决本质问题，无法促进深入沟通。表达愤怒的有效方式是要让自己冷静下来，理智地找到自己生气的原因，并明确向对方表明自己的需求和感受。

6 如何充分表达与接受感谢

在跟家人的沟通中，表达愤怒是因为自己的需求没有被家人满足。但是这种情况，其实是比较少见的，大多数时候，家人为了表达爱意，会尽全力去满足我们的需求。而当我们的需求得到满足的时候，我们就会感谢自己的家人。那么在跟家人沟通中，要如何充分表达与接受感谢呢？

教练式沟通认为，表达感谢仅仅口头说一句“谢谢”还不行，因为这种表达感谢的方式不够真诚。真诚地表达感谢，应该明确让对方知道，你为什么感谢？对方对你做出了哪些有益的行为？对方满足了我们哪些需要？我们的需要得到满足后我们是怎样的感受等。只有当这些问题都明确之后，对方才能感受到我们的真诚。除此之外，在沟通中，我们还需要学会接受对方的感谢，给对方真诚的反馈。

（1）表达感谢，要明确描述对方做出的有益行为

其实每个人都期望别人能感谢和赞美自己，因为这对我们来说是

一种很高的认可，赋予了我们做某件事情最大的意义。但是在人际沟通中，尤其是家人之间，我们很少会感谢对方。在家庭中，我们会自然而然地认为，家人为我们做的一切事情都是理所应当的。例如，妈妈给我们做饭、洗衣服，我们觉得这就是作为妈妈的职责。但是，实际上，在家庭中，并没有规定哪种身份必须做什么事情，这些所谓的职责都是我们自己定义的。久而久之，妈妈也会抱怨自己的辛苦，因为这并非自己理所当然的事情。但是，如果我们对这些“理所当然”的事情加以感谢，那么妈妈不但不会经常发脾气抱怨，反而更乐意去做这件事情。因为，感谢还是一种爱的表现，而爱会给家人更大的动力。

但是，这里的感谢并不仅仅是在妈妈忙碌过后简单说一句“谢谢”。也许你的“谢谢”会让妈妈更生气。妈妈心里会想：我忙了一整天给你们洗衣、做饭、打扫卫生，最后只换来你们一句简单的谢谢，太不真诚了。所以，教练式沟通认为，在表达感谢的时候，我们要明确地描述对方为我们做出的有益行为。例如，当妈妈忙碌一整天后，我们可以说：“妈妈，每天回家有你准备的饭菜，还有收拾干净的房间和洗好的衣服，我感觉自己真的太幸福了。谢谢妈妈，这么辛苦地付出。”当我们这样表达之后，妈妈一定会感受到我们对她工作的认可和爱。即便很累，也会觉得为家人所做的一切都是值得的。

（2）表达感谢，要让对方知道你哪些需求得到了满足

在向家人表达感谢的时候，除了要明确描述对方为我们做出的有益行为，还需要明确表示自己哪些需求得到了满足。这样会让对方认为，自己给了你很大的帮助，进而会更有成就感，更愿意跟你继续沟通。例如，妈妈为我们忙碌一整天，如果我们只说“谢谢妈妈为我做饭，辛苦了”虽然感谢了妈妈做出的有益行为，但是并没有明确表达这种有益行为满足了自己哪些需求。这种感谢看上去很难让人感受到真诚。

所以，在表达感谢的过程中，我们还需要让对方知道我们哪些需求得到了满足。例如，当妈妈辛苦工作一天后，我们可以跟妈妈说："妈妈，我上班很辛苦的时候，就想着回家能吃上可口的饭菜，然后洗个澡，躺在干净的床上舒服地睡一觉。而这些你都为我准备好了，真是太感谢你了。"当妈妈听完这样的感谢，一定会觉得自己的辛苦没有白费，因为这些都满足了孩子的需求。而且妈妈会有一种成就感，并且会愿意继续付出。

（3）表达感谢，要准确表达需求得到满足后的感受

当我们的需求得到满足后，我们还需要让家人知道，这种需求得到满足后自己的感受。因为只有表达了自己切身的感受，家人才能更深刻体会你表达的感谢。例如，妈妈为我们忙碌一整天，我们可以跟妈妈说："妈妈，你为我做的这些，我觉得做你的女儿简直太幸福，太开心了。"这种感受其实就是一种爱的表现。当妈妈感受到我们的爱意后，更会努力去做好这件事情。

（4）接受感谢，拥有一颗感恩的心

在沟通中，其实相对于表达感谢来说，接受感谢反而是一件困难的事情。为何这么说？因为中国人比较谦虚，当别人感谢自己的时候，我们会说"没关系，我应该做的""我也没做什么，都是你自己努力的结果"。当我们过于谦虚的时候，会让表达感谢的一方很难堪，进而沟通无法顺利进行。

所以说，在跟家人沟通中，我们不仅要学会表达自己的感谢，更要学会接受感谢，即在接受感谢的时候，不能自大，不能过于谦虚。例如，当孩子对妈妈说出感谢的时候，妈妈首先应该欣然接受这种感谢，可以微微笑着点头说"你的感谢妈妈收到了，谢谢你对妈妈的认可"。这

样双方都能感受到彼此的诚意和爱，沟通自然会更顺利进行。

表达与接受感谢，其实是一种表达爱的方式，而爱是解决家庭矛盾最好的“良药”。因此，在家庭沟通中，我们可以采取上述方式向家人表达自己的感谢，并欣然接受家人对自己的感谢，让家庭关系更坚固、更融洽。

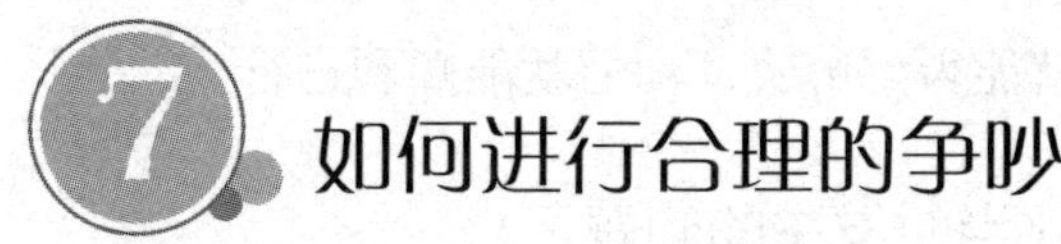

7 如何进行合理的争吵

中国有一句古话说得好，“牙齿也有咬到舌头的时候”。这句话表达的意思是，牙齿和舌头很亲近，但是也会有牙齿咬到舌头的时候。这句话用在家庭沟通中，就是说，关系再亲密的两个人，也会因为某件事情意见不合而吵架。这是一种很自然的现象，在沟通中，是在所难免的。既然这种事情是不能避免的，那么我们要做的就是找到合理的争吵方式，进而让沟通顺利进行。

在传统的人际沟通中，人们争吵的方式就是大声说话，斥责对方的观点，认为自己是对的。这种争吵的沟通方式，最终只会让双方更加愤怒，导致沟通无法进行。而教练式沟通认为，争吵这件事情并非不对，只要采取正确的方式，合理进行争吵，反而会促进沟通目的顺利达成。那么，在跟家人的沟通中，要如何进行合理的争吵呢?

(1) 找出彼此需要解决的问题

一般情况下，吵架的时候，双方情绪都比较激烈，会想尽办法将冲突归咎于对方，回避自己的责任。也就是说，在这一过程中，我们不会考虑到对方的感受和需要，只会站在自己的角度，为自己辩护。而这种方式，正是导致矛盾激化，沟通无法正常进行的主要原因。

所以，为了解决这种问题，教练式沟通认为，正确的争吵方式是，吵架的双方应该知道此次吵架的原因是什么，需要解决的问题是什么。只有明确了需要解决的问题，吵架才会有意义。因为吵架是为了解决问题，而不是回避问题。例如，恋爱中的女生，因为男生没有给自己买情人节礼物生气，并因此吵架。那么这次吵架的原因就是男生没有给女生准备礼物，女生也没有提醒男生。这就是他们需要解决的问题。只要找到双方认可的方法，问题就能得到解决，沟通就能顺利进行。

（2）实事求是地陈述当时发生的问题

很多时候，我们吵架的时候，因为愤怒，所以会将陈芝麻烂谷子的事情都翻出来说，目的就是反驳对方。但是这种翻旧账的方式是沟通中最大的忌讳，它会激化双方之间的矛盾，导致沟通失败。

某对夫妻在情人节当天，约定去一家心仪已久的餐厅吃饭。但是，当时餐厅人多，排队需要一个多小时。丈夫担心等位时间太长，于是跟妻子说下次再来。但是妻子不高兴了，因为丈夫早就说情人节一定带她吃上这家餐厅的东西，现在却又不愿意等。于是妻子生气地说：“结了婚果然不一样，以前谈恋爱的时候，只要我喜欢吃的东西，别说一个小时了，就算在美国，你也会坐飞机去给我买。”丈夫听后也很生气地说：“是的，我变了，现在你可以直接买机票去美国吃了。”

其实，妻子只是想让丈夫等一会儿，因为自己很想吃，但是这种争吵方式显然会让丈夫生气，并不愿意跟她继续沟通。所以，妻子应该采取非暴力沟通方式，实事求是地陈述当时发生的事情。例如，妻子可以说："你之前说好要情人节带我吃的，但是你现在连等都不愿意等了。"这个时候，妻子陈述的就是一件事实，丈夫没有理由反驳。

（3）表达自己的感受和需求

在争吵的过程中，大部分人都只会表达自己的想法，并用自己的观点来反驳对方。例如，我们常说"我认为你的想法简直太幼稚了""我觉得你这样的说法很可笑，一点都不符合逻辑"。这时候对方一定会更加生气，然后双方都会找理由反击。最终争吵的问题必然无法得到解决，沟通也就宣告失败。

所以，教练式沟通认为，在跟对方争吵的时候，我们一定要明确表达自己的感受和需求，否则争吵会更加激烈，并且问题也得不到解决。而如果我们表达了自己的感受和需求，争吵就会变成一次简单的沟通。例如，上述案例中妻子因为丈夫不愿意等位，吃不到自己心仪已久的美食，可以跟丈夫说："因为你之前答应我今天带我吃的，如果今天吃不上，我会觉得很难过。我之前想的是，情人节我只需要跟你吃一顿大餐就开心了。"听完妻子这番话，丈夫就会反思，的确是自己答应妻子的，所以不应该出尔反尔让妻子难过，然后丈夫可能就愿意改变之前的想法，跟妻子一起等位。

（4）请求对方给出回馈

当我们表达完自己的需求后，我们还需要做的就是请求对方的反馈。换句话说，就是对方是否愿意满足我们的需求。例如，上述案例中，当妻子跟丈夫表明自己的需求后，为了确定自己的需求是否能够得到满足，妻子可以请求丈夫的反馈，如妻子可以说："我们再等等看，可以吗？"当妻子这么说的时候，也是在明确告诉丈夫自己真的很想吃这家餐厅的美食，并且愿意等位。那么这时候丈夫就能明确妻子的想法，不

会再跟妻子继续争吵。然后会思考，是不是自己的做法不对，进而会改正自己的行为，让沟通顺利进行。

所以说，在跟家人争吵的时候，我们不能一味揭对方的短处，戳中对方的痛点。这种方式是最不理智、最不能解决问题的。因此，教练式沟通认为，在沟通中，即便是吵架，也要采取合理的方式，因为吵架是为了解决问题，而不是逃避问题。因此，在争吵的过程中，我们必须明确知道需要解决的问题，然后陈述事实，并表达自己的感受和需求，最终请求对方的反馈，让问题得到更好的解决。

阅读改变人生状态的整理之书
助你获得受用终生的生活智慧

高效能人士的
超级整理法

王志琴/编著

拥有高效而自在人生的秘密

生活一团乱麻，工作忙碌奔波，孩子无暇照顾，兴趣丢到一旁，屋子凌乱不堪，东西很难找到，时间总不够用，每天累死累活，何谈享受生活

中国纺织出版社

内 容 提 要

家里乱得一团糟、工作紧张而繁杂、信息铺天盖地而来、自己时刻被时间追赶……这是为何？因为你不懂整理。不做整理，生活就会变得一团糟。

本书运用大量实例，详细阐述整理的目的和好处，通过整理，你会变得思路清晰，工作更有实效，还能够获得更多自由支配的时间。希望读者朋友能从此书中找到整理的乐趣，成就更为高效的人生。

图书在版编目（CIP）数据

高效能人士的超级整理法 / 王志琴编著. --北京：中国纺织出版社，2016.10（2023.5重印）
ISBN 978-7-5180-2925-9

Ⅰ.①高… Ⅱ.①王… Ⅲ.①工作—效率—通俗读物 Ⅳ.①C935-49

中国版本图书馆CIP数据核字（2016）第210357号

策划编辑：闫　星　　　　责任印制：储志伟

中国纺织出版社出版发行
地址：北京市朝阳区百子湾东里A407号楼　邮政编码：100124
销售电话：010—67004422　传真：010—87155801
http：//www.c-textilep.com
E-mail：faxing@c-textilep.com
中国纺织出版社天猫旗舰店
官方微博http://weibo.com/2119887771
永清县晔盛亚胶印有限公司印刷　各地新华书店经销
2016年10月第1版　2023年5月第3次印刷
开本：710×1000　1/16　印张：19
字数：242千字　定价：88.00元